그녀들의 작업실

내 꿈의 공작소

내 꿈의 공작소
그녀들의 작업실

제1판 1쇄 발행 2012년 2월 10일
제1판 2쇄 발행 2012년 2월 18일

글·사진 김지해
펴낸이 박성우
기획·편집 코티지
펴낸곳 청출판
주 소 경기도 고양시 일산동구 장항동 746-1 로데오시티플러스 434호
전 화 031)925-8856 **l 팩 스** 031)925-8756
전자우편 abc337@paran.com
등록 제396-2006-000039호

ⓒ 2012 김지해

ISBN 978-89-92119-30-6 13590

이 책은 저작권법에 의해 보호를 받는 저작물이므로 무단전재와 복제를 금합니다.
일부 수록된 작품 사진의 저작권은 작가에게 있습니다.

* 파본이나 잘못된 책은 바꿔 드립니다.

그녀들의 작업실

내 꿈의 공작소

글·사진 코티지 **김지해**

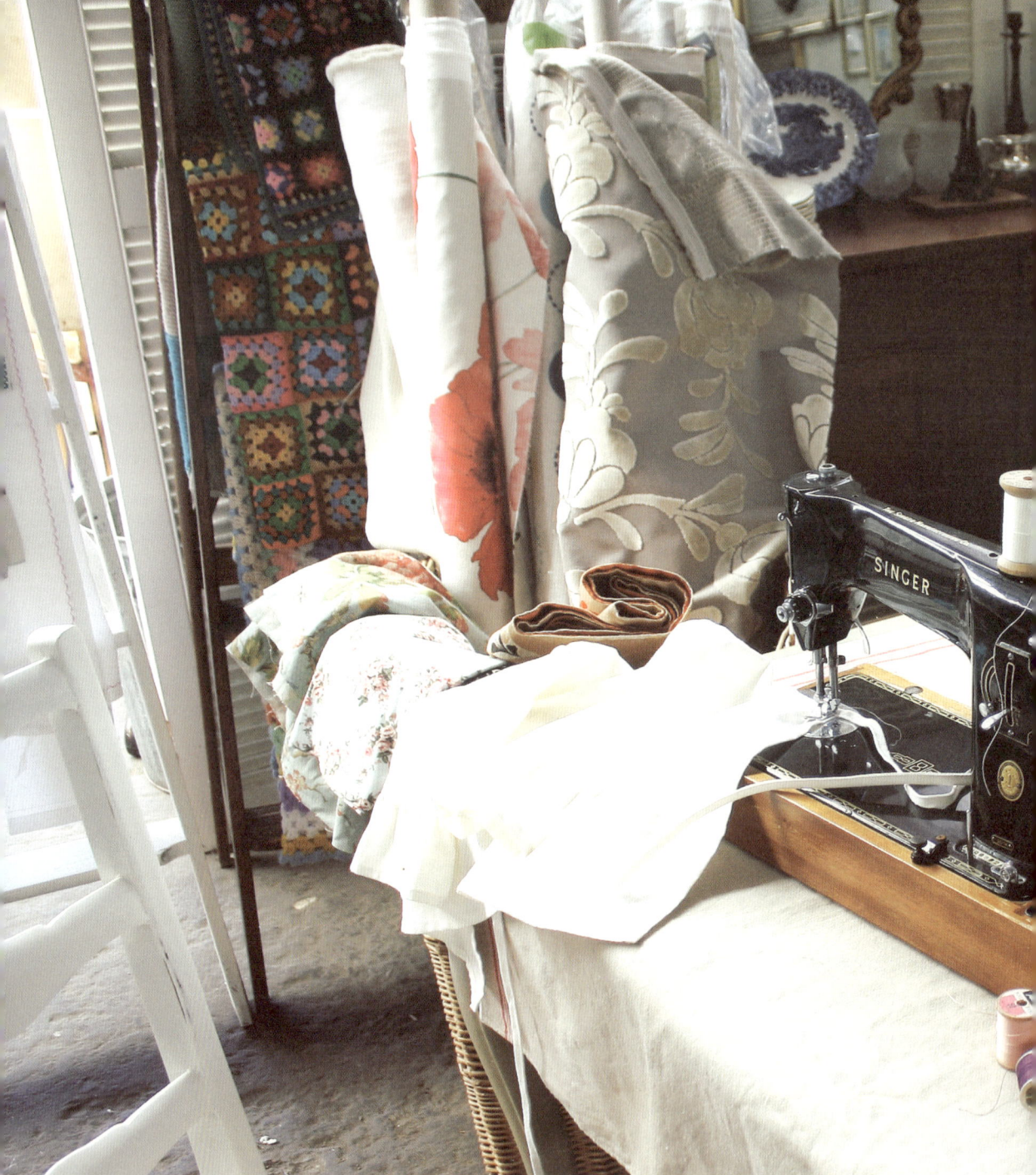

내 안에 작은 변화가 일어날 때 진정한 삶을 살게 됩니다.
- 톨스토이 -

당신이 새로운 목표를 계획하거나
새로운 꿈을 꾸는 것에는 결코 나이가 있을 수 없습니다.
- C. S. 루이스 -

시작하는 이야기

디자인을 전공해서인지 대학시절 몇 곳의 작업실을 가졌었습니다. 혼자서 자취방 겸 작업실을 하기도 했고, 삼삼오오 뜻이 있는 친구와 함께 하기도 했었답니다. 그래서 그런지, 작업실이란 단어는 제게 무척 친근한 단어이고 평소 일을 하면서도 '일한다'라고 하기보다는 '작업한다'라는 말이 자연스레 입에 붙었답니다. 그래서 결혼하고 세 번의 이사를 하면서도 집 안의 방 하나는 꼭 작업방, 작업실이라는 이름을 붙여 사용하곤 했습니다. 그저 컴퓨터 책상과 좋아하는 책들을 꽂아둔 책꽂이를 놓았을 뿐이고, 이후 바느질에 취미를 붙이면서는 재봉틀 테이블과 원단장 하나 들여놓았을 뿐인데도 전 늘 그 방을 나의 작업실이라 생각했답니다. 해야 할 일이 있을 땐 그 방에 들어가 잠시라도 집중해서 마무리를 해야 마음이 편안했습니다.

그런 저로 인해 일곱 살 난 딸아이가 어릴 때부터 "엄마는 뭐하시니?"라고 누군가 물으면 "엄마 작업하는데요."라고 대답해 주변 사람들을 번번이 웃게 했었답니다. 생각해보니 무슨 대단한 예술가 엄마라도 둔 것 같습니다.(웃음)

'작업실'이라 하면 흔히 화가나 조각가와 같은 예술가의, 보기만 해도 창의적·예술적 영감이 가득 베어날 것 같은 예사롭지 않은 아틀리에나, 화려하고 멋진 인테리어로 순간 긴장하게 되는 디자이너들의 사무실 같은 작업실부터 떠올리게 되는 게 사실입니다. 그러니 그저 컴퓨터 작업 좀 하고, 글 좀 쓰고 하는 방을 서재나 컴퓨터 방이라고 해도 될 것을 굳이 작업실이라 하니 웃을 수밖에요. 하지만 저는 예전에도 지금도 '작업실'이라는 단어가 참 좋습니다.

작업실(作業室) [명사] 일을 하는 방

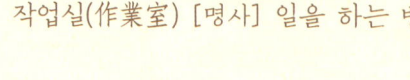

작업실은 사전에도 풀이하고 있듯, 말 그대로 일을 하는 방입니다. 그게 무슨 일이든 어떻습니까? 자신만의 일이 있다면, 그것을 할 수 있는 방이 바로 작업실 아니겠습니까? 어쩌면 제가 작업실이란 단어를 좋아하는 것도 작업을 할 수 있는 일이 있다는 걸 좋아하는 건지도 모르겠습니다. 그저 단순한 일을 하더라도 나만의 일이 있다는 게 좋은 거 말이죠. 여자가 결혼을 하면서 오래 다니던 직장을 그만두거나, 아이를 키우면서부터 가사와 육아의 부담으로 어쩔 수 없이 직장을 그만두는 경우가 많습니다. 그렇게 원하든 원치 않든, 자연스레 전업 주부의 길을 가다 보면 특별히 내 일이라고 할 것이 삶에서 사라지는 것이죠. 그러다 보니 결혼 후에도 내가 할 수 있는 일이 있다는 게 좋더라구요. 그리고 나만의

공간이 있다는 게, 아마도 제가 작업실을 좋아하는 이유가 아닐까 싶습니다. 그런데 최근 '핸드메이드 열풍'이라고 해도 될 만큼 자신이 직접 만들어 쓰고, 입고, 먹는 것에 대한 사람들의 관심이 늘어나면서 가구 공방이라든지, 바느질 공방이라든지 공방 개념의 작업실이 많이 생겨나기 시작했습니다. 개인 블로그나 매거진에도 심심찮게 소개가 되고 제 주변에도 그런 공방 겸 작업실을 운영하는 사람들이 하나, 둘 늘어나는 것을 보면 작업실이 이젠 예전처럼 한정된 아티스트들의 공간만은 아니란 생각이 들더군요. 그리고 놀라운 건 그 속에 저와 같은 주부들이 운영하는 작업실도 많다는 겁니다. 집에 필요한 가구를 만들다가 취미가 붙어 집 가까운 곳에 가구 공방을 낸 주부의 작업실도 있고, 아이를 위해 쿠키를 구워주다가 베이킹에 취미가 붙어 방 한 칸을 자신만의 쿠킹룸으로 만들고 쇼핑몰을 시작한 주부의 작업실도 있었죠.

정확히 언제인지는 모르겠습니다. 한 2~3년 정도 된 것 같은데 어느 날 문득, 그런 주부들의 작업실이 궁금해졌습니다. 예술가도 아니고, 몇몇 곳은 돈벌이를 위해 일을 하는 것 같지도 않은데 작업실이라 따로 공간을 마련해두고 있는 그녀들의 작업실이, 그 작업실에서 하고 있는 일들이 무엇인지 말이죠. 이 책의 시작은 그렇게 개인적인 관심사로부터 시작되었습니다.

저 역시 대단할 것 없다 생각해 작업실 방을 부러 공개하지 않은 것처럼, 그녀들 역시 개인 블로그에 살짝씩 올린 것 외엔 따로 공개한 적이 없었던 작업실을 책을 핑계 대어서라도 맘껏 구경해보고 싶었습니다. 그렇게 개인적인 관심사로 시작된 이 책의 기획은, 그 무렵 한 해를 보내며 가졌던 친구들과의 모임에서 하나의 의미를 더 찾게 되었습니다. 벌써 10년째 한 직장을 다니는 친구와 두 아이를 키우며 직장을 그만두게 된 친구를 비롯해 그날 모임의 주된 관심사는 자아상실감과 자기계발에 대한 얘기였습니다. 한 직장을 오래 다니면서 일의 성취감과 보람도 없이 톱니바퀴처럼 움직이는 일상, 아이들이 우선이 된 생활에 자신의 자아는 찾아볼 수 없게 된 내 위치에 대한 그런 이야기들이었죠. 뭔가 자신을 위해, 자신이 좋아하는 일을 하면서 살고 싶은데 그걸 어디서 찾아야 할지, 어디서부터 시작해야 할지 모르겠다는 겁니다. 친구들의 고민은 심각해 보였습니다. 그 모임이 있은 후 저는 얼마 뒤 지인의 작업실에서 열린 바느질 모임에 참여하게 되었는데 그날 모인 6~7명의 주부들 얼굴은 며칠 전 친구들의 얼굴과 달랐습니다. 손에 바늘을 잡고, 공통의 관심사를 나누며 하나의 작품을 만들어가는 그녀들의 얼굴엔 기대감과 생기가 가득했습니다.
그렇게 두 번째 이유가 생겼습니다. 이제 와서 내가 하고 싶은 일이 뭔지도 모르겠고, 하고 싶은 일이 있어도 어떻게 시작해야 할지도 모르겠다는 친구들을 위해, 친구들과 같은 또 다른 주부들을 위해 한 발 앞서 그런 과정을 겪고 주부라는 이름 속에서도 자신만의 일을 찾은 그녀들의 이야기를 들어보는 것 말입니다. 아무래도 그녀들의 작업실 안엔 뭔가 명쾌한 답이 될 만한 이야기들이 숨어 있을 것만 같았거든요.

참으로 많은 비가, 지루한 비가 내렸던 2011년의 여름이었습니다. 그 여름 내내 비를 피해 간신히 해가 나는 날이면 그녀들을 만나러 다녔습니다. 그러다 몇 주째 비가 이어질 땐 하는 수 없이 빗속을 뚫고 만나러 가던 날도 많았습니다. 다분히 즐거운 개인적인 관심사로 시작해 앞으로 이 책의 독자가 될 또 다른 그녀들에게 보여줄 그녀들의 작업실을 찾으러 다녔던, 조금은 비장하기까지 했던 시간이었습니다. 모두 엊그제의 일 같은데 어느 새 한 해를 넘겼지만 그 여름 그녀들과의 작업실 만남은 지금까지도 제 입가에 흐뭇한 미소를 짓게 합니다.

'그녀들의 작업실'이란 기획을 통해서 최종 17곳의 주인공을 찾아내고, 한명 한명의 그녀들을 만나러 가던 길은 얼마나 가슴 설레던지요. 처음 섭외 시 내보일 만한 것이 없다 손사래 치던 그녀들의 작업실 일상은 생각보다 더 멋지고 흥미로웠던지요. 자아를 찾고자 하는 보통의 그녀들을 위해 17곳의 그녀들의 작업실에선 뭔가 해답을 얻을 수 있을 것 같았던 저는 그 속에서 분명 생각했던 것보다 더 많은 의미를 찾을 수 있었답니다.

자신의 삶을 사랑하는 그녀들, 일상의 지루한 반복을 내 일을 하는 즐거움으로 바꾼 그녀들, 아내·엄마·주부가 아닌 나 자신의 이름이 무엇보다 자신 있고 당당했던 그녀들…. 그녀들의 일과 작업실 이야기, 소소하면서도 각자의 개성이 넘

치던 작업실의 풍경까지… 이 한 권의 책 속에 고스란히 담으려 노력하였습니다. 이 책에 들어간 18인의 주인공들은 특별한 아티스트도, 유명 연예인도 아닌 그저 평범한 대한민국의 주부들입니다. 그녀들의 작업실 또한 따라 하기엔 거리감부터 생기는 거창한 아틀리에가 아닙니다. 아파트 베란다에, 방 한 칸에, 몇 평 남짓 작은 동네 상가에 마련한, 누구든 당장이라도 따라해보고 싶은 보통의 작업실을 갖고 있을 뿐입니다. 그리고 책 속에서는 작업실을 단순히 보여주는 데 그치지 않습니다. 그녀들의 일에 대한 이야기부터 집, 공방, 숍의 확장된 공간 개념으로 다양한 스타일의 작업실을 상세하게 보여주고, 작업실을 꾸미는 데 필요한 인테리어 팁과 수납 노하우까지 전달하기 위해 노력했습니다.

'꿈꾸면 이루어진다.'는 말이 있습니다. 하지만 꿈은 꾸기만 한다고 해서 결코 그냥 이루어지지 않습니다. 이 책을 가까이하다 보면 아마도 많은 이들이 책 속의 그녀들을 부러워할 것이고, 책 속의 작업실을 부러워할 것입니다. '나도 저런 일 한 번 해보고 싶다.', '나도 작업실이 있으면 좋겠다.' 하고 말이죠. 이 책은 그런 사람들에게 자연스럽게 다가가고 있습니다. 이루고자 하는 꿈이 있다면, 하고 싶은 일이 있다면 머릿속으로만 생각하지 말고 그 일을 할 수 있는 작은 시작을 해보라고 말입니다. 그 시작이 우선 햇살 좋은 창가 자리에 나를 위한 테이블 하나 놓는 것인지도 모른다고 말입니다. 그 테이블 앞에 앉아 무엇이라도 시작해 보는 것이 얼마 지나지 않아 이 책의 그녀들처럼 자신의 이름으로 살아가는, 작은 꿈이 더 큰 꿈이 되어 매일매일의 일상이 즐거워지는 결과를 맞는 일일 것이라고 말입니다.

그녀들의 작업실엔 많은 의미가 담겨 있었다고 했습니다. 이제 그 작업실을 한 곳 한곳 들여다보면서 자연스럽게 그 의미들을 느껴보시기 바랍니다.

마지막으로, 이 책을 위해 지난 여름 함께해준 18인의 그녀들에게 깊은 감사를 드리며, 그녀들의 멋진 꿈을 응원합니다.

코티지 김지해

CONTENTS

1 home+workroom

STORY 01 인형 만드는 그녀! 인형 만드는 엄마!   18
핸드메이드 인형 작가 **최정혜**

STORY 02 종이로 일상을 디자인하다   30
페이퍼 아티스트 **박설연**

STORY 03 꿈꾸는 소녀의 다락방!   42
홈패션 & 홈데코 작가 **김화희**

STORY 04 그림쟁이 양효의 핸즈하우스   54
일러스트레이터 **양효은**

STORY 05 내 삶의 스타일리스트 콩콩씨   66
바느질, 홈데코 작가 **고민숙**

STORY 06 에이프릴의 스위트홈 아틀리에   78
리넨 & 코튼 소품, 의상 디자이너 **정길영**

2 atelier + workroom

STORY 07 도자기에 들꽃을 담다 … 92
도자기 핸드페인팅 작가 **강선미**

STORY 08 그녀들의 달콤상큼 카페앳홈 … 104
인테리어 소품 쇼핑몰 2인의 오너 **김선경, 최미애**

STORY 09 이진하의 내추럴 토로시 공방 … 116
소품 가구 리폼, DIY 작가 **이진하**

STORY 10 초록여신의 핸드메이드 세상, Abandonne! … 128
리본, 펠트, 소품 DIY 작가 **김수영**

STORY 11 니나의 시크릿 가든 … 140
핸드메이드 비누 강사 **천미연**

STORY 12 Stylish Living with Julie … 152
가구, 패브릭 리폼 작가 **쥴리(Julie Huh)**

3 shop + workroom

STORY 13 세상 제일 작은 케이크로 달콤함을 전하다 … 166
파티시에, 파티 스타일리스트 **표예린**

STORY 14 매일 새로운 즐거움 데일리 … 178
퀼트, 리넨 소품 DIY 작가 **최은주**

STORY 15 꽃을 디자인하다. 벤자민 & 데이지 … 190
플로리스트 마이스터 **강민희**

STORY 16 It's 겨미 스타일 … 202
인테리어 디자이너 **박미진**

STORY 17 일년 열두 달, 열두 가지 낭만! … 214
와이어공예 작가, 프리랜서 디자이너 **임미영**

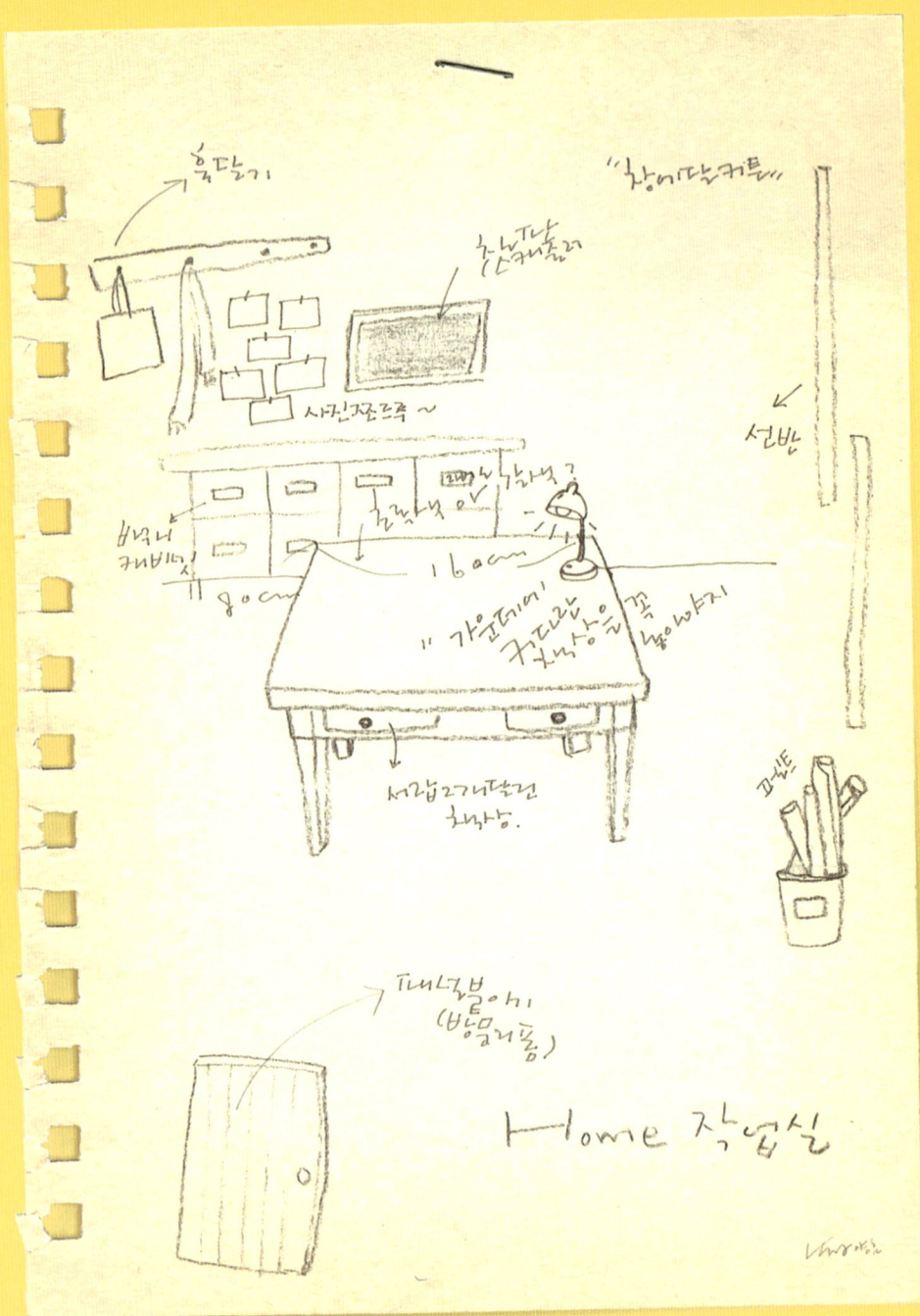

home + workroom

집은 내게 가장 편안한 장소다.

home
+
workroom / 01

STORY 01 편안하게 숨 쉴 수 있는 산소통
인형 만드는 그녀! 인형 만드는 엄마!
핸드메이드 인형 작가 **최정혜**

나에게 작업실이란 편안하게 숨 쉴 수 있는 산소통 같은 것이에요. 작업실에서 제가 좋아하는 일을 하고 있으면 온종일 집안일과 육아로 분주했던 마음이 사르르 차분해지고 한결 여유로워지거든요. 새로운 인형을 구상하고, 한땀 한땀 손바느질을 하면서 마음이 평온해지는 걸 느끼죠.

멀리 보이던 북한산이 점점 가까이 보이고, 웅장한 암벽들이 하나둘씩 속살을 드러내는 걸 보니 돈암동에 살고 있다는 그녀의 집이 가까운 듯하다.
얼마 전까지 공방을 운영하다가 지금은 집으로 옮겨 작업실을 운영 중이라는 그녀! 아파트 문을 열고 들어가자 뽀얀 얼굴에 동그란 검은 뿔테 안경을 쓴 귀여운 여인이 반겨준다. 광복절에 태어나 광순이라는 별명을 갖고 있다는 그녀, 지금은 몇 해 전부터 운영해오는 '짜루컨츄리' 핸드메이드 공방 이

그녀는 모두가 잠든 밤 이곳에 앉아 낮은 불을 켜고 아이디어 스케치를 하는 시간을 즐긴다.

1 짜루컨츄리의 모든 인형은 최정혜의 아이디어 스케치 후 인형으로 탄생된다.
2 눈이 크고 얼굴 큰 아이, 크기가 커서 아이들이 안고 다니기 좋은 인형
3 초창기 탄생된 인형으로 제일 아끼는 아이 '소이'
4 티아라 공주들 '잎새'와 '나리'
5 애착이 많이 가는 사랑스러운 모녀 인형
6 통통한 볼에 꽃무늬 원피스 보닛을 쓴 귀여운 아이 '로디'

름으로 인해 '짜루'라는 닉네임이 더 익숙한 최정혜다.
"고등학교 때 친구가 저 보고 '난쟁이 똥자루'라고 불렀는데, 키 작고 못생긴 사람을 일컫는 말이지요. 하지만 전 그 별명이 왠지 좋더라구요."
4살 아이의 엄마란 게 믿기지 않을 만큼 앳된 모습과 툭툭 던지듯 장난기 어린 말투…. 그때의 친구들 역시 이런 그녀를 보고 재미 삼아 붙여준 귀여운 별명이 아닌가 싶다.

어느 날 우연히 인형 만드는 공방을 알게 되다

결혼 5년차인 최정혜는 결혼을 준비할 당시 직장에 다니지 않고 집에서도 할 수 있는 일이 없을까 고민하였다. 유치원 선생님이었던 그녀는 결혼 후엔 좀 쉬고 싶었고, 그녀의 아이가 생긴다면 당분간은 아이에게 집중하고 싶었다. 그렇게 결혼을 한 달여 앞두고 우연히 텔레비전에서 나무와 자투리 천을 이용해 핸드메이드 인형을 만들어 가르쳐주는 공방을 보게 되었는데, 순간 '앗! 저게 앞으로 내가 할 일이구나.' 하는 생각이 들었다. 짧은 방송이었지만 강한 끌림 같은 것! 여자들이라면 누구나 좋아하는 인형이지만 어른이 되고 나서는 인형은 기성품으로 똑같이 만들어져 나오는 아이들의 장난감, 아이들의 전유물이라고 생각하고 있지 않았던가? 그런데 그런 인형을 직접 만들어 다른 누군가에게 가르쳐주는 일이 있다는 게 마냥 신기했던 거다. 그녀는 바로 텔레비전에 나왔던 그 공방을 찾아가 묻지도 따지지도 않고 강사반에 등록했다. 인형을 만드는 일이라면 그녀에겐 너무 재미있는 일이 될 것 같았고, 그녀가 원하던 대로 아이가 태어나도 집에서도 얼마든지 할 수 있는 일처럼 느껴졌다. 우연히 텔레비전에서 본 인형 만들기가 지금은 그녀, 짜루를 상징하는 아이콘이 되어 있는 걸 보면 그때 그녀의 판단이 틀리지 않았던 것이다.

1 원목 수납장과 선반도 짜서 넣고 벤치도 놓아 컨추리 스타일의 아늑한 공간으로 연출

2 화초를 좋아하지만 잘 못 키운다. 그래서 베란다 정원 대신 작품을 진열한 갤러리 작업실로 꾸몄다.

3 반대편 베란다까지 전체 갤러리 작업실로 꾸몄다.

베란다는 나만의 핸드메이드 갤러리

거실 한쪽 진열장 가득 그녀가 한땀 한땀 바느질해 만든 핸드메이드 인형들이 가득하다. 엄마와 아기 인형, 빨간 털실 머리 인형들, 다정한 노부부 인형과 귀여운 베렌디 인형까지…. 이번엔 그녀가 작업실로 쓰고 있다는 베란다로 나가니 컨추리 스타일의 가구들과 꽃바구니, 직접 칠하고 만든 다양한 우드 소품들까지…. 최근에 공방을 운영하다가 집으로 옮겼다곤 했지만, 베란다에 꾸며진 그녀의 작업실 또한 여느 공방 못잖다.

햇볕 잘 드는 베란다에, 나무 벤치 위에, 길에서 주워 리폼한 수납장 위에, 빨래 건조대에 대롱대롱 매달린 인형과 소품 들은 작은 핸드메이드 갤러리를 연상시킨다.

아이가 엄마를 인형 만들어주는 선생님이라고 해요. 어린이집에서 돌아오면 "오늘도 인형 배우러 이모들 왔어?", "잘 가르쳐줬어?" 하고 묻곤 하는데 아이는 그런 엄마를, 저를 참 자랑스러워하는 것 같아요. 그래서 저는 앞으로도 인형 만드는 선생님으로 아이가 자랑스러워 할 수 있는 엄마가 되고 싶어요.

아이가 태어나기 전까지 그녀는 지금의 아이 방을 작업실로 사용했다. 그러다 아들 찬진이가 태어나면서 아이 방이 필요하게 되고, 수강생도 늘어나면서 따로 작업실이 있으면 좋겠다는 생각에 집 근처에 처음 공방을 마련하였다. 어린 아들을 데리고서도 간판 하나까지 직접 칠하고 만들어 하나하나 정이 가득한 곳인데 얼마 운영하지 못해 공방을 정리했다. 남편 직장 문제로 이사를 준비해야 해서 내린 부득이한 결정이었다. 15개월… 짧아서 더욱 미련이 많다. 하지만 누구보다 육아도 잘하고 싶었던 그녀였기에 어린 아들을 어린이집에 떼어놓으면서까지 공방을 시작했던 터라, 진종일 어린이집과 엄마 공방에서 늦은 시간까지 보내는 찬진이를 보며 늘 마음 한구석에 미안함과 안타까움이 가득했고, 그녀 역시 더 늘어난 일들로 자주 쓰러져 링거를 맞을 정도로 몸이 많이 약해져 있었다. "집에서 할 땐 공방이 있었으면 했는데, 집으로 들어와 있으니깐 지금은 또 집에 있는 시간이 좋아요. 찬진이도 좋아하고 저도 몸이 많이 좋아졌어요. 가게 유지비가 없으니깐 통장에 돈도 좀 더 늘어나더라구요."

그녀의 첫 공방이었던 만큼 아쉬움도 크지만 집으로 돌아와 쇼핑몰 운영에 집중하고 다시금 소규모 클래스 위주로 수업을 하면서, 아이에게도 좀 더 많은 시간을 할애할 수 있어서 당분간은 지금의 시간이 편하다.
사람 좋아하고, 가르치는 일을 좋아하는 그녀는 언젠가 아이가 크고, 새로운 보금자리가 결정되면 다시금 '짜루컨츄리' 이름을 건 공방을 운영하고 싶은 꿈을 꾸지만, 그때까진 여느 공방 못지 않은 갤러리 공간으로 자리 잡은 그녀의 베란다 공방을 아껴주면서 말이다.

베란다가 좁아서 딱 하나 놓지 못한 그녀의 작업 책상, 그 책상은 그녀가 가장 좋아하는 부엌 옆에 놓았다. 아일랜드 키친 옆이라 나름 카페 분위기도 나서 좋다.

제가 만든 인형이 누군가에게 행복이 될 수 있다는 게 큰 보람이에요.
쇼핑몰을 통해서 얼굴을 보지 못하고 주문을 넣는 중년의 여성 고객이 있었는데, 실 매듭 하나, 시접 하나도 보이지 않게 꼼꼼하게 만들어 달라고 요청하던 분이셨어요. 그분의 주문은 괜히 더 손 떨며 꼼꼼하게 만들어 드리곤 했는데 이후 여러 번 제 인형을 주문하셨고, 받으시면 주문 때와는 달리 늘 아낌없는 칭찬을 해주셨죠. 그분 말씀이 저의 인형들로 인해 우울증을 극복하셨대요. 심하게 우울증을 겪고 계셨는데 어느 날 우연히 본 저의 인형이 그분을 웃게 만드셨다고…. 그럴 땐 저 역시 큰 보람을 느끼게 되죠. 제가 만든 인형으로 인해 누군가 행복할 수 있다니 말예요.

무리하게 공방부터 시작하는 것보다 홈클래스로 내실을 다져요.
강사 과정을 이수하고 무작정 하고 싶다는 생각에 공방부터 내는 경우가 있는데요. 그럴 땐 무작정 하고 싶다고 시작하는 것보다 아주 꼼꼼하게 시장조사를 할 필요가 있어요. 저같이 수강생의 대부분이 주부일 경우는 유동 인구가 많은 대로 쪽의 비싼 상가보다는 오히려 아파트 단지 주변의 상가도 좋아요. 가게는 가급적 저렴한 곳으로 절대 무리가 되지 않는 선에서 시작하는 것이 좋죠. 인형 수강의 경우는 집에서 홈클래스만으로도 충분히 시작할 수 있으니 홈클래스 위주로 수업을 하면서 수강생이 얼마나 생기는지, 공방 운영시 이익을 창출할 수 있을지 판단해보는 것도 좋죠.

작업실 인테리어 팁 & 노하우
화초를 좋아하지만 잘 키우지 못해서 베란다에 작품들을 꽃처럼 전시해두는 갤러리 공간으로 만들었어요. 작업에 필요한 원단과 부자재를 수납할 수 있는 수납장도 만들어놓구요. 빨래 건조대를 이용해서 좋아하는 바구니와 인형도 매달아 베란다를 저만의 작업실 겸 갤러리로 만든 것이지요. 가구의 대부분은 버려진 가구를 이용, 리폼해 만들었구요. 종이 상자나 깡통을 이용해 작은 소품들을 보관할 수 있게도 했지요.

나만의 작업실 인테리어 팁 & 수납 노하우 tip + know-how

1 온라인 '나무이야기'에서 반제품으로 구입한 그릇장을 조립해 인형 진열장으로 사용

2 수납장 선반 안으로 다이소에서 산 2000원짜리 바구니를 활용해 잔잔한 인형 재료를 정리하고 밸런스를 달아 자칫 지저분해 보일 수 있는 공간을 내추럴하게 연출했다.

3 목공소에서 싸게 구입한 각재를 이용해 간단하게 만든 사다리는 인형 진열대로 제격

4 꺾여 버려진 나뭇가지를 장식 소품으로 활용

5 잘 사용하지 않는 빨래 건조대는 인형들을 매달아 장식으로 활용

6 아이 어릴 때 쓰던 분유통에 빈티지 라벨을 붙여서 간단히 리폼 후 물감과 붓 재료 수납

7 아파트 재활용 코너에 버려진 수납장 두 개를 주워와 원목 패널을 붙여 리폼해 만든 수납장

그녀의 TIP

베란다는 작업실로 활용하기에 참 좋은 공간이죠. 여름에 덥고, 겨울에 좀 춥긴 하지만 저와 같이 만들기 작품이 많은 사람들에겐 작품들을 마음껏 진열해둘 수 있는 갤러리 공간으로는 사계절 언제든 예쁜 공간으로 활용할 수 있답니다.

최정혜 | 짜루(32세)

핸드메이드 인형, 톨 페인팅 강사
대한컨츄리수공예협회 회원
짜루컨츄리 쇼핑몰 운영
홈페이지 http://blog.daum.net/cjh0815
　　　　　http://blog.naver.com/cjhcjh0815
짜루컨츄리 www.jjarucountry.co.kr
상담시간 월~일, 오전 10시~ 오후 7시

작업실 꾸미기에 좋은 소품 및 가구 구입처

- **나무이야기** http://www.namuiyagi.com
  DIY 반제품 가구, 주문제작 가구, 부자재 구입

- **인형 제작 재료 구입처**
  온라인보다는 동대문시장이 집과 가까워 주로 이용하고 있어요.
  온갖 원단과 부자재 숍들이 있는 5층의 '바늘도사', '미네르바'를 주로 이용해요.

- **바늘도사** 동대문종합시장 A동 5213~6호
  http://www.qcraft.co.kr
  일본 수입원단, 국산원단, 레이스, 리본, 실, 단추 등 다양한 재료 판매

- **미네르바** 동대문종합시장 A동 5099호
  퀼트숍으로 다양한 수입원단, 리넨 원단, 예쁜 단추 부자재 가득

home
+
workroom / 01

STORY 02 서이의 놀이터이자 나의 안식처
종이로 일상을 디자인하다

페이퍼 아티스트 **박설연**

주부라서, 아이 때문에 할 수 없을 것 같았던 일들을 그녀는 현실로 보여주고 있었다. 주부, 엄마, 쇼핑몰 오너의 자리까지 동시에 이룰 수 있었던 것은 그녀가 가장 재미있어 하는 일을 가장 행복하게 하려는 의지가 있었기 때문이다.
'시간이 없어서, 아이 때문에'와 같은 핑계에서 벗어나 '시간을 좀 더 효율적으로 쓴다면, 내 아이를 위한 일이라면' 하고 생각한다면 충분히 가능한 일이라고 말하고 있다.

결혼 전 편집 디자이너로 일을 했던 박설연은 결혼하면서 다니던 회사를 그만두었다. 직장생활을 오래 했기 때문이기도 하지만 아이를 낳게 되면 육아에 전념하고 싶었다. 그렇다고 그녀가 전업주부를 선언한 것은 아니었다. 그녀는 결혼 후 줄곧 육아와 일을 병행할 수 있는 게 없을까, 출퇴근을 하지

1 그녀의 아들, 서이 백일을 위해 직접 꾸민 테이블 장식

2 블로그가 알려지게 된 계기가 되었던 지인에게 선물한 기저귀 케이크

3 아이를 위해 직접 만든 스크랩북킹 태교 앨범

4 스크랩북킹으로 만든 웨딩 액자와 태교 액자

5 결혼 초 시어르신들께 용돈을 넣어 드리기 위해 만들었던 용돈 봉투

6 종이 꽃 장식을 활용한 센스 있는 선물 포장

7 레이스 도일리를 활용해 간단히 만든 선물 포장

않아도 집에서 나만의 일을 할 수 있는 것이 없을까? 하는 고민을 끊임없이 하게 되었다.

편집 디자인을 하면서 줄곧 컴퓨터 마우스를 이용해 결과물을 만들어내는 일을 했던 그녀는 손으로 뭔가 만들면서 할 수 있는 일을 찾고 싶었다. 틈나는 대로 꽃꽂이도 배워보고, 선물포장도 배우고, 포슬린 페인팅도 배웠다는 그녀, 손으로 만드는 즐거움이 있었지만 나만의 일이 될 수 있을 것 같지는 않았다. 그러던 어느 날, 외국 잡지책에서 사진을 이용해 스토리가 담긴 나만의 책을 만드는 스크랩북킹이란 걸 알게 되었다. 결혼 전 사진 동호회 활동을 했고 지금까지도 사진 찍는 걸 좋아하는 그녀는, 스스로가 찍은 사진을 다양한 종이와 꾸밈으로 활용해 하나의 스토리북으로 만드는 것이 아주 매력적으로 보였다. 요즘 시대 사진이라면 찍는 순간부터 컴퓨터 폴더에 켜켜이 쌓아두기만 하는 게 아닌가. 그녀는 바로 국내에서도 배울 수 있는 곳을 수소문해 찾아가 배우기 시작했다. 하나씩 배우면서 나만의 스타일을 적용시킨 앨범이나 액자가 만들어질 때마다 그녀는 더욱 만족스러웠다. 또, 스크랩북킹이 단순히 사진에만 그치지 않고 다양한 종이와 스탬프 같은 재료를 이용해서 실생활에 다양하게 활용할 수 있다는 사실을 알게 된 그녀는 이 일이라면 잘해낼 자신감이 생겼다. 그녀는 배우는 동안에도 좋은 정보를 혼자 간직하고 싶지는 않다는 생각에 개인 블로그에 하나씩 만든 작품을 올리고 노하우를 공유하기 시작했다.

오늘의 설연닷컴, 그녀를
있게 해준 인기 만점 종
이 장식 기저귀 케이크

기저귀 케이크와 용돈 봉투는 오늘의 나를 있게 해준 일

스크랩북킹을 배우면서 한창 종이로 만드는 것에 빠져 있을 때쯤 하루는 교회에서 기저귀를 케이크 모양으로 묶어 만든 걸 보게 되었다. 그때 마침 지인이 애기를 낳았던 때라 그걸 만들어 선물하면 좋아하겠다는 생각을 했다. 그날 밤, 낮에 본 걸 기억해가며 그녀만의 기저귀 케이크를 만들고 사진을 찍어 블로그에 남겨둔 후 지인에게 선물했다. 그런데 다음날 그녀의 블로그 방문자가 폭주를 하였다. 며칠 뒤엔 시부모님께 드릴 용돈봉투를 만들었는데 그게 또 한 번 히트를 쳤다. "그때 이후 제 블로그 방문자가 급격히 늘어났어요. 이후에도 만들어 올리는 것마다 예쁘다, 솜씨 좋다 칭찬을 해주니 그때부터 더 신이 나서 이것저것 아이디어가 떠오르는 대로 만들어 올리고 과정도 찍어 올렸어요." 그 결과 그녀는 블로그 시작 1년 만에 생각하지도 못했던 생활공예 부문 파워 블로그까지 되었다.

아들 서이가 백일이 되어서는 그동안 아이를 위해 만들어둔 태교 앨범과 성장액자, 기저귀 케이크, 파티 플래그 같은 걸 이용해서 백일 파티를 손수 꾸며주었는데, 그걸 본 주변 엄마들의 반응이 폭발적이었다. 이후 그녀는 하루가 다르게 바빠지기 시작했고, 그녀의 작품을 요청하는 사람들로 인해 지금은 그녀의 이름을 건 '설연닷컴'의 쇼핑몰까지 운영하는 당당한 오너가 될 수 있었다.

작업실은 서이의 놀이터이자 나의 안식처

그녀의 작업실 문을 열고 들어서면 한쪽 벽면 전체를 차지하는 진한 오렌지 컬러의 벽이 먼저 눈을 사로잡는다. 각종 종이를 비롯해 다양한 장식 도구, 유난히 많은 스탬프들을 정리해 쓰려니 아무리 정리해도 어수선해 보이는 느낌을 어떻게 할 수 없어 다른 방법으로 집중력을 키워주는 컬러 인테리어를 선택, 진한 오렌지 색상을 칠해줌으로써 자칫 산만해 보이기 쉬운 수납을 깔끔하게 모아주는 효과를 내었다. 대신 반대편 벽면은 밝은 컬러를 칠해 진한 컬러가 주는 답답함을 없앴다.

솜씨 좋은 그녀가 직접 꾸민 신혼집처럼 작업실 역시 컬러 페인팅부터, 수납장, 테이블까지 직접 칠하고 만들어 어느 한 곳 그녀의 감각 있는 손길 닿지 않은 것이 없다.

아직 어려서 항상 엄마랑 있어야 하는 아이. 작업실은 언제나 서이와 그녀가 함께하는 공간

서이는 엄마의 작업실에서 노는 것을 좋아한다. 엄마가 만든 예쁜 앨범과 작품들은 물론이거니와 여러 개의 책꽂이에 가득 꽂혀 있는 각양각색의 스탬프와 펀치, 다양한 질감의 종이들은 돌 지난 서이의 호기심을 200% 자극할 수밖에 없다. 만지고, 꺼내고 하는 통에 보통의 엄마라면 아이 손이 닿지 않는 곳으로 치우기 바쁠 일이다. 하지만 그녀는 위험한 도구 외엔 아이가 갖고 노는 것을 막지 않는다. 집에 처음 작업실을 마련할 때도 조금 더 큰 방을 아이 방 대신 작업실로 결정한 것 역시 이 방에서 서이와 좀 더 많

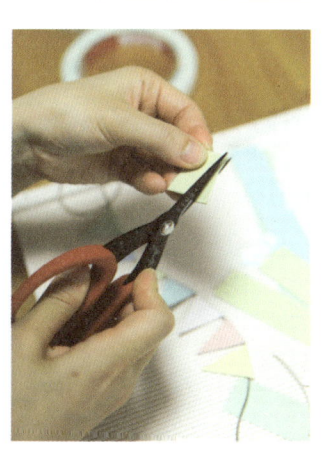  

은 것을 함께하고 싶은 계획이 있었다. 처음엔 그저 갖고 노는 것에 그치겠지만 서이가 클수록 다양한 종이에 스탬프를 찍고, 종이를 오리고 붙여보면서 엄마와 더욱 많은 것을 공유할 수 있을 것 같았기 때문이다. 그녀는 하루의 대부분을 서이와 함께 작업실에서 보내고 있다.

"서이가 자라면서 '엄마는 엄마의 이름을 걸고 엄마의 일을 하는 멋진 사람이다.' 라고 생각해줬으면 좋겠어요. 자신이 좋아하는 일을 하고, 그걸 늘 곁에서 보고 자란 아이는 스스로도 뭔가 해낼 수 있는 창의적이고 자신감 있는 아이로 자랄 수 있을 거라 생각하거든요."

제 이름을, 제 자신을 브랜드로 만들고 싶어요.
블로그와 커뮤니티에서 '설연님의 손을 거치면 무엇이든 새롭게 만들어져요. 설연님의 손은 마법의 손이에요.'라는 말을 자주 들어요. 그런 말에 용기와 자신감을 얻어 지금의 설연이 있게 되었는데요. 앞으로도 계속 노력하고 연구해서 스크랩북킹, 북아트, 선물포장 등 종이 공예에 대한 것이라면 '설연' 제 이름을 떠 올릴 수 있는, 페이퍼 크래프트의 손꼽히는 작가가 되고 싶어요.
설연닷컴은 그런 의미에서 지금은 작은 쇼핑몰에 불과하지만 앞으로 제 자신을 대표할 만한 당당한 브랜드로 키워나가고 싶어요.

수납에 대한 고민은 지금도 계속되고 있네요.
스크랩북킹과 북아트와 같은 종이 공예의 특성상 각종 종이와 스탬프, 펀치, 가위와 도구들이 많아요. 그 재료들을 모두 다양한 수납장과 선반을 이용해 각자의 자리에 수납해 쉽게 찾아 쓸 수 있도록 분류·수납하는 것에 신경을 많이 썼어요. 한 번 작업하고 나면 많은 재료들이 책상과 바닥을 뒤덮는데, 그걸 효율적으로 정리·보관하는 게 지금도 계속되는 고민 중 하나랍니다.

집에서 작업실을 한다는 건 주부에게 단점이자 장점
집이고, 어린아이가 있다 보니 집안일과 육아로 인해 작업을 하는 시간이 연결되지 못하고 끊기는 경우가 많아요. 작업을 하다가도 아이를 봐야 하고, 집안일을 해야 하죠. 그렇지만 그것이 그대로 장점이 되기도 하죠. 작업을 하면서도 아이를 볼 수 있고, 출퇴근이 없으니 늦은 시간에도 작업을 할 수가 있죠.

마음껏 펼쳐놓고 작업하기 좋은 커다란 작업 책상을 작업실 방 중앙에 배치하고, 주변으로 다양한 수납장과 작은 테이블들을 배치했다. 창가엔 그녀가 좋아하는 사진 찍는 테이블도 있다.

나만의 작업실 인테리어 팁 & 수납 노하우
tip + know-how

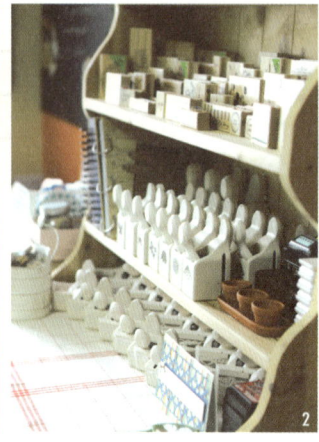

그녀의 TIP

스트레스를 완화시키면서 경쾌한 느낌을 내는 오렌지 컬러를 포인트 색으로 선택해서 작업실에 들어왔을 때 편안하면서도 작업에 집중할 수 있도록 해주었어요.
오렌지색이 아니어도 좋아하는 한두 가지 컬러를 선택해 컬러테라피 효과도 내고, 내 작업실에 상징적인 컬러를 연출하는 것도 좋은 것 같아요.

1 작업실을 만들면서 가장 신경 쓴 건 바로 수납! 많은 종류의 부재료들로 인해 자칫 지저분해 보이기 쉬운 것들을 가능한 크기가 맞는 상자와 바구니, 가구를 여러 개씩 활용 분리해 정리했다.
2 그릇장으로 나온 디자인을 변경해서 위쪽엔 스탬프를, 아래쪽엔 종이를 수납할 수 있도록 맞춤 변경 의뢰해 제작했다.
3 에코마트에서 구입한 3000원짜리 종이 상자, 수납에 아주 용이하게 사용하고 있다.
4 선반 가운데 막대기를 연결해서 각종 리본을 걸어 필요할 때 편리하게 사용하고 있다.
5 아이 분유통에 흰색 페인팅을 해서 간단히 리폼하고 눕혀 쌓아 연필꽂이로 활용
6 각종 가위와 펀치도 진열대를 만들어 한곳에 모아두었다.
7 다이소 반제품 서랍장에 명찰 태그를 붙여 간단하게 만든 칸칸 수납장

박설연 | **설연**(31세)

페이퍼아티스트
스크랩북킹, 어린이북아트 강사
네이버파워블로그 2009년, 2010년 생활공예부문
홈페이지 http://raonhilzo.blog.me
설연닷컴 http://seolyeon.com
상담시간 월~금, 오전 11시~ 오후 5시

작업실 꾸미기에 좋은 소품 및 가구 구입처

- **타이거우드** http://www.tigerdiy.com
  DIY용 목재, 친환경 목재, 페인트, 스테인, 철물 및 다양한 부자재 판매

- **트리앤조이** http://www.treenjoy.com
  테이블, 책장 등 친환경 원목가구, 다양한 디자인의 철제가구 판매

- **벤자민무어페인트** http://www.benjaminmoore.co.kr
  친환성 페인트 및 부자재 판매

- **이투쇼핑몰** http://www.e2e2.co.kr
  감성적인 소품, 각종 문구, 패브릭 스티커 판매

home + workroom / 01

STORY 03 말괄량이의 행복충전소

꿈꾸는 소녀의 다락방!

홈패션 & 홈데코 작가 **김화희**

하늘을 향해 세모로 난 지붕 아래 햇살 가득 들어오는 넓은 창 하나가 난 다락방, 시원한 하늘빛 다락방 안엔 넓은 작업 테이블이 있고, 그곳에서 좋아하는 천들을 맘껏 만지며 오늘도 그녀의 즐거운 재봉놀이는 시작된다.

초여름이었는데도 이른 무더위가 며칠째 기승을 부리며 연일 최고 기온을 갈아치우던 날, 인천의 어느 복층집에 살고 있다는 그녀의 작업실을 찾아가는 길. 그녀가 살고 있는 동네에 들어서자 깔끔하게 들어선 신축 빌라들이 큰 블록을 이루고 있었고, 그 빌라들 중 한곳 맨 꼭대기 층에 김화희의 집이자 작업실이 있었다. 밖에서 볼 땐 여느 빌라나 다름없었던 그녀의 집, 현관 문을 열고 들어서자 확 트인 거실 천장이 지붕까지 연결되어 마치 전원주택에 들어선 착각이 든다.

이사를 준비하면서 보게 된 여러 개의 다락방이 있는 복층집, 보자마자 한눈에 반해버린 곳!
한곳 한곳 그녀의 감각적인 손길이 더해져 화사하고 아늑한 다락방 작업실로 연출되었다.

작업실을 안내하겠다는 그녀를 따라가니 이번엔 2층으로 연결된 계단이 나왔고, 그 계단 위엔 크고 작은 여러 개의 방이 있었다. 작은 창이 하나씩 난 세모 형태의 낮은 지붕 방, 분명 다락방이긴 한데 다락방이라고 하기엔 방들이 너무 예쁘다. 마치 테마별로 꾸며놓은 키즈 스튜디오에 와 있는 듯한 아기자기한 공간. 그중 하나를 그녀가 작업실로 쓰고 있다.

"새로 이사를 계획하면서 꼭 다락방이 있는 집으로 이사를 가고 싶었어요. 평소 다락방에 대한 로망이 워낙 크다 보니 언젠간 꼭 다락방에 작업실을 만들고 싶었거든요. 그러던 중 이 집을 보게 되었는데 평소 상상하던 것 이상이어서 얼마나 기뻤는지요. 복층의 아래층은 저희 부부 주거 공간으로 사용하고, 위층은 저만의 작업실과 소잉 클래스 공간으로 쓸 계획을 하고 하나씩 꾸미게 되었어요."

신혼집을 꾸미며 홈패션에 빠지다

결혼 전 바느질엔 관심조차 없었던 그녀, 신혼집을 꾸미고자 인터넷에서 예쁜 집 자료를 찾던 중 패브릭 소품들을 직접 만들어 올리는 블로거를 보았는데, 그 블로거가 만들어서 보여주는 작품마다 그녀의 마음을 흔들어놓았다. 매일 그녀의 블로그에 들어가 보고 또 보기를 반복하던 그녀, 자신도 만들어보고 싶어졌다. 하지만 재봉틀을 사용할 줄 모르는 그녀는 몇 가지 천을 구매하고 손바느질을 이용해서 매일 밤 새는 줄 모르고 이것저것 만들어보기 시작했다. "그걸 보던 남편이 미니 미싱을 하나 사주었어요. 손가락이 아플 정도로 손바느질을 붙잡고 있는 제가 안쓰러웠던 거죠." 그때까지 바느질을 따로 배워본 적도 없었고, 재봉틀은 더더욱 사용해본 적도 없는 그녀였다. 하지만 평소 바느질 솜씨가 좋았던 엄마의 영향이 그녀에게도 있었을까? 미니 재봉틀을 붙잡고 어떻게 하다 보니 뭔가 만들어지기 시작했다. 비록 일자박기, 말아박기밖에 못하는 초보의 솜씨였지만 식탁보도 만들고, 밸런스도 만들었다. 그리고 그렇게 만든 것들로 신혼집을 꾸며나가는 일이 참으로 재미있었다.

그때까지 미술 지도사가 직업이었던 그녀의 작품에선 밝고 화사한 색채감각이 있었고, 그녀가 좋아하는 캐릭터를 조금씩 개발해 패브릭에 응용한 것이 그녀의 작품을 좀 더 특별하게 했다. 그저 집에 필요한 걸 만들고 꾸미기 위해 시작한 일이 어느 순간 하나씩 제작 의뢰가 들어오게 되었고 배워보고 싶다는 수강생까지 생기기 시작했다.

1 그녀가 좋아하는 핑크에 톡톡 튀는 레드를 포인트로 넣어 만든 침구와 쇼파커버링으로 사랑스러운 다락방 연출

2 화사하고 사랑스러운 패브릭의 조화가 예쁜 패치 밸런스

3 토끼 모티브를 만들어 붙여 준 아기 배낭과 작은 파우치들

4 손바느질로 만든 다이어리 커버와 통장지갑들

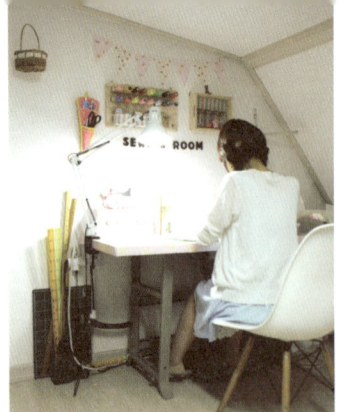

동갑내기 남편은 그녀의 든든한 서포터즈

"처음에 18평의 작은 신혼집에서 몇몇 분이 함께하는 첫 클래스를 진행하게 되었어요. 그런데 시간이 갈수록 저에게 배우고 싶어 하는 분들이 늘어나게 되었어요." 그땐 하는 일도 있고, 홈패션을 전문으로 해보고자 하는 생각이 없었지만 일이 재미있고, 사람들과 함께하는 게 좋아 계속하다 보니 작은 신혼집이 점점 그녀의 작업실로 변해가는 듯했다. 그녀는 어떻게 해야 할지 난감했다. 그때 남편이 작업실로 쓸 작은 오피스텔을 구해주었다. 밤새 손으로 꼼지락거리는 아내가 안쓰러워 미니 재봉틀을 사주었던 그녀의 동갑내기 남편 말이다. 그 일을 계기로 그녀는 취미로 시작한 일을 좀 더 전문적으로 해보고 싶다는 생각이 들었고, 그녀만의 홈패션 작품을 만드는 일도, 그녀만의 스타일을 배워보고 싶어 하는 수강생도 늘어나게 되었고 그녀는 소잉 강사라는 새로운 직업을 갖게 되었던 것이다.

행복한 집 꾸밈과 즐거운 바느질 이야기가 있는
말괄량이의 행복 충전소

블로그에서 말괄량이라는 닉네임을 쓰고 있는 김화희를 처음 만난 여름날, 그녀는 영화 속 말괄량이 삐삐처럼 뽀얀 얼굴에 양 갈래 딴 머리의 앳된 모습을 하고 있었다. 소녀 같은 그 모습에서 37살이라는 나이가 믿기지 않았다. "'말괄량이'라고 말하고 나면 왠지 기분이 좋아져요. 어릴 때 재미있게 봤던 왈가닥 삐삐가 생각 나고, 괜히 기분까지 유쾌해지는 느낌이 들거든요. 사람들이 제 닉네임을 부르며 잠시라도 유쾌한 기분이 들었으면 좋겠어요."

그런 소녀 같은 감성의 그녀를 닮아서일까? 그녀가 만드는 작품엔 늘 밝고 화사한 컬러가 있다. 귀엽고 사랑스러운 동화 같은 캐릭터가 있다. 바느질뿐만 아니라 다락방도 그녀가 직접 칠하고 꾸민 것인데 하나 같이 화사하고 예쁘다. 자신이 만든 것들로 직접 꾸미고 실생활에 활용되는 것을 보여주고 싶었다는 그녀. 평소 소원하던 동화 같은 다락방에서 좋아하는 일을 하고, 좋아하는 사람들과 함께할 수 있게 해주는 지금의 다락방 작업실이 자신의 행복 충전소라고 말하는 그녀. 아마도 그곳은 그녀만의 행복 충전소가 아닌 그녀와 함께하는 모든 이들의 행복 충전소가 아닌가 싶다.

5 안쪽에 옷걸이를 넣어서 삼각 모양을 잡아준 수납 벽걸이 '리틀 캐슬'
6 핑크색 줄무늬 원단을 이용해서 만들어본 간편 후드 원피스
7 가끔은 커플 티셔츠도 직접 만들어 입는다.

처음으로 만들어본 것이 결혼하는 친구를 위한 신혼부부 커플 베개

처음 바느질에 홀릭되고 있을 즈음 친한 친구가 결혼을 하게 되었어요. 그 친구를 위해서 겁도 없이 '신혼부부 베개를 만들어 선물해야지.' 하고 맘먹었는데, 그땐 재봉틀도 구입하지 않았던 때라 몇 날 며칠 밤을 새워가며 손바느질로 만들어 선물했었죠. 친구가 감동한 나머지 그 베개를 신혼 여행지까지 들고 갔다고 했는데, 그때 내가 만든 것으로 마음을 대신할 좋은 선물이 된다는 것이 참으로 보람되더라구요.

집에 필요한 걸 실제 생활에서 보여주고 싶었어요.

복층 다락방에 지금의 작업실을 마련하기 전에 작업실을 두 번 옮겼어요. 이전 작업실은 작은 오피스텔이었는데 수업을 하긴 편했지만, 제가 만드는 것들이 집에 모두 필요한 패브릭 소품이다 보니 실제 집에 활용하고 예쁘게 꾸며서 보여주고 싶다는 생각이 들더라구요. 제가 만들어 꾸미고, 쓰고, 실제 공간에 활용되는 걸 보여주는 것이 보는 사람에게도 많은 도움이 된다고 하더라구요. 그래서 지금 작업실이 있게 된 건데, 복층 형태여서 작업실 공간과 집이 완전히 분리되다 보니 불편한 건 따로 없어요.

내 이름을 건 디자인 브랜드와 자격증을 만들고 싶어요.

앞으로 제가 제작하고 개발한 디자인의 상품을 만들고 싶어요. 거기에 제 이름을 건 브랜드 상표를 붙이고 싶죠. 또 언젠가는 제 브랜드의 아카데미도 운영하고 싶어요. 같은 취미와 관심거리를 가진 사람들이 만나서 정보도 공유하고, 차도 마시고, 수업도 듣는 복합적인 문화공간, 문화센터를 만들고 싶죠.

나만의 작업실
인테리어 팁 & 수납 노하우 tip + know-how

그녀의 TIP

평소엔 핑크를 좋아하지만 작업실 벽면은 꼭 블루 컬러를 이용하고 싶었어요. 블루가 집중력을 좋게 한다고 하더라구요. 하지만 블루 컬러를 선택하는 것도 쉬운 일은 아니더라구요. 수입 페인트는 색상은 예쁜데 가격 면에서 비싸고…. 고민고민하던 끝에 국산 친환경 페인트 '숲으로-아쿠아 블루' 페인트를 이용했는데 생각보다 발색도 좋고 가격이 저렴해 전체 벽면을 칠해도 부담스럽지 않았답니다.

1 수납과 장식을 동시에 생각한 긴 선반, 그 선반 다리에는 밸런스 봉을 끼워 리본 정리 걸이로 활용

2 다이소에 있는 저렴한 나무 도마에 나무 봉 접시꽂이를 붙이고, 햄통을 이용해서 만든 실패꽂이

3 블루 컬러의 벽에 화이트 컬러의 책상을 놓아 한결 더 깔끔한 느낌을 연출

4 딱딱한 디자인의 공업용 미싱에 좋아하는 핑크 컬러를 칠하고 도트 무늬도 그려 넣어 나만의 디자인 재봉틀로 만들었다.

5 각각 따로 된 6개의 MDF 장식장을 활용해서 하나로 붙이고, 가운데 선반도 만들어 달아 분리 수납이 용이한 원단장을 만들었다.

김화희 | 말괄량이(37세)

홈패션 & 홈데코 작가 및 강사
홈페이지 http://heesue2240.blog.me
잡지 및 방송 출연
2007, 2008, 2009, 2010, 2011
KBS 아침뉴스타임 출연
KBS-2 무한지대 큐 출연
KBS-2 생방송 오늘아침 출연
KBS-2 감성매거진 행복한 오후 출연
KBS-2 세상의 아침 출연
KBS-2 생활의 발견 '오감도' 출연
MBC 생방송 화제집중 출연
MBC 뉴스투데이 출연
MBC 슈퍼블로거 출연
STORY ON 친절한 미선씨 출연

홈패션 작업에 필요한 원단 및 부자재 구입처

현재 원단나라와 텍스월드 서포터즈를 하고 있어요.
제가 사용하는 대부분의 원단을 온라인으로 구매하실 수 있습니다.

・**원단나라** http://www.wondannara.co.kr
다양한 홈패션 원단, 주니어 원단, 체크 원단, 부자재 등 판매

・**텍스월드** http://www.texworld.co.kr
의류원단 전문, 다이마루, 기모, 부자재, 도안 판매. 정기적으로 세일 진행

・**동대문종합상가 B동 5층**
부자재는 대부분 동대문에 직접 나가서 구입하고 있어요.
단추, 비즈, 리본 공예 재료, 퀼트 재료, 펠트 재료 등

1 핑크색 의자는 이케아가구
2 에펠탑 의자(화이트)는 11번가
3 핑크색 휴지통은 다이소

home + workroom / 01

STORY 04 달팽이 등에 달린 달팽이집
그림쟁이 양효의 핸즈하우스

일러스트레이터 **양효은**

저는 햇살 같은 사람이 되고 싶어요. 하나님이 태양이라면 저는 그 태양에서 나오는 햇살 말이에요. 제 그림을 통해서 사람들에게 햇살 같은 따뜻한 영향을 줄 수 있었음 좋겠어요. 따뜻한 감성과 하나님의 사랑을 담은 기독교적인 메시지를 그림을 통해 좀 더 많은 사람에게 전할 수 있는 사람이 되고 싶어요.

기독교 교육학을 전공한 양효은. 그녀는 대학 4학년 때 후배 소개로 우연히 시작한 아르바이트로 인해 그림을 그리게 되었다. 처음 학습지 회사 교재의 일러스트를 시작으로 이후 기독교 출판사에 취직하게 되면서 10여 년을 일러스트레이터로 살아온 것이다.
고등학교 때 미술을 전공하긴 했지만, 대학은 미대가 아닌 기독교 심리학과 상담학 공부를 해서 사람들에게 기독교 메시지를 전하는 일을 하고 싶어 기독교 교육학을 선택했는데, 어쩌다 보니 다시 그림으로 그 일을 대신하고 있는 셈이다.

1 그녀의 그림으로 표지를 장식한 다양한 기독교 계간지 및 단행본들
2 책 속 본문에 들어가는 다양한 손 그림들
3 그림으로 표현하던 것들을 최근엔 바느질 소품으로도 활용, 손바느질로 만든 성경 책 커버

하나님을 그리는 여자

우연히 아르바이트로 시작한 그림이 직업이 되면서 처음 3~4년 정도 그녀는 프리랜서로 활동했다. 이후 기독교 출판사에 취직해 4~5년 동안 본격적인 일러스트레이터로 직장생활을 하고, 아기를 가지면서 수원에서 서울까지 출퇴근이 힘들어 다시 프리랜서를 선언했다. 프리랜서와 직장생활을 거듭하는 지난 10년 동안 그녀는 참 많은 그림을 그렸다.

규장, 성서유니온, 생명의 말씀사, 두란노와 같은 기독교 출판사의 단행본 일러스트를 담당해왔다. 그중 매일성경의 '큐티' 표지 작업은 대학 때부터 6~7년 작업해온, 그녀를 하나님을 그리는 일러스트레이터로 설 수 있게 해 준 작업이기도 했다.

따스함이 가득한 내추럴 컨추리 하우스

그녀가 살고 있는 수원의 24평 아담한 아파트, 그녀의 집 거실 창가로 밝은 햇살이 가득하다. 창가 앞엔 커다란 나무 책상이 하나 놓여 있고 거실 곳곳에 그녀가 직접 반제품으로 만든 가구와 매년 결혼 선물로 하나씩 구입했다는 멋진 원목 장식장들이 놓여 있었는데, 마치 일본의 어느 예쁜 집에 와 있는 듯했다. 그녀는 거실의 창가 책상 자리를 가장 좋아한다고 한다. 그림 그리는 일 외에는 그림에 대한 아이디어 구상과 스케치 등 이곳에서 모든 걸 한다. 또 그림이 잘 그려지지 않거나 아이디어가 떠오르지 않을 때는 이 자리에 앉아 잠시 바느질을 한다. 그녀가 그림 그리는 시간 외에 가장 좋아하는 일이다.

작업실로 쓰고 있는 방에도 인형들이 주렁주렁 매달려 있었다. 알고 보니 그녀가 모두 하나하나 만든 인형들이었다. 그림은 그리는 이를 닮는다고 했다. 인형 만드는 사람들 사이에서도 인형은 만드는 이의 얼굴이 나온다고들 말한다. 그녀가 그린 그림에서는 물론 그녀가 만든 인형 속에도 그녀의 모습이 고스란히 담겨 있다. 참으로 얌전하고 착한 얼굴이다.

"저는 나이 들면 인형 잘 만드는 할머니가 되고 싶어요. 하나를 팔아도 그 인형의 값어치를 알아보는 제 색깔의, 제 브랜드의 인형을 만들고 싶어요. 그리고 지금껏 그래왔던 것처럼 앞으로도 좋은 그림을 그리는 그림쟁이 양효이기도 했음 좋겠어요."

그녀의 아이디어 테이블
그림 아이디어가 떠오르지 않을 땐 거실 창가에 놓아둔 작업 테이블에 앉아 인형이나 손바느질을 하고 있으면 마음이 차분해지면서 다시금 좋은 영감이 떠오른다.

4 그녀를 쏙 빼닮은 착한 얼굴의 인형들
5 그녀에게 그림 영감을 준다는 틸다 변형 인형들

요즘 그녀는 그림 그리는 일을 잠시 쉬고 있다. 같은 주제의 그림을 10여 년 동안 그려오다 보니 스스로의 한계에 부딪히게 된 것이다. 꾸준히 계약해서 해오던 일을 모두 끊기가 쉽지 않았지만 스스로의 재충전을 위해 시간을 두고 하나씩 정리했다고 한다. 그리고 지금은 좋아하는 인형을 만들면서 새로운 영감을 얻고 있다. 그녀는 요즘 작업실에서 '틸다(Tilda)'라는 유럽의 수호천사 핸드메이드 인형에 빠져 있다. 그리고 그녀의 인형을 보고 배우고자 하는 사람들과 작은 바느질 모임을 갖고 있다.

프리랜서로 그림을 그리는 일이란 게 밤낮 바뀌어 집에서, 책상 앞에서 하는 일이다 보니 그동안은 집과 회사 이외의 장소에서는 만나는 사람이 거의 없을 정도였다고 한다. 약간은 폐쇄적이고, 답답한 은둔형 사회생활을 하다 보니 어쩌면 그림에 대한 한계보다 자신에 대한 한계와 소통의 부재에 놓였는지도 모를 일이다. 그런 그녀가 잠시 그림을 내려놓고, 인형을 통해 사람들과 소통하고 있는 것이다.

그녀가 만든 인형을 보고 사람들이 좋아한다. 그녀의 인형을 보고 있으면 마음이 참 편안해지고, 착해지는 듯하다. 아마도 햇살 같은 사람이 되고 싶다고 했던 그녀를 쏙 빼닮은 착한 인형이어서, 그녀의 따뜻한 마음이 인형 속에도 그대로 담겨 있어서 그렇지 않을까 싶다.

인형을 잘 만드는 그녀는 스스로 그림쟁이라고 칭한다. 그녀는 앞으로도 그림을 계속해서 그리고 싶다. 사람들에게 좋은 영향을 주는 일을 하며 살고 싶은데, 그림을 통해 그 일을 계속 해나가고 싶은 것이다. 그리고 인형을 통해 그 일을 계속 해나갈 수 있는 새로운 영감과 에너지를 얻고 있다.

그녀의 그림 작업방. 반제품을 활용해 만든 커다란 작업 테이블과 슬라이드용 작업 책상. 전체를 내추럴한 오크 컬러로 통일한 원목 가구로 인해 소박한 컨추리 분위기가 물씬 풍겨난다.

기질적으로 혼자의 시간을 통해 에너지를 충전하는 저는 언제나 본능적으로 나만의 공간을 가지려고 애쓰는 것 같아요. 그 공간에서 쉬기도 하고, 작업도 하고, 가끔은 퐁퐁 솟아나는 영감으로 충전도 하구요. 달팽이가 자기 집을 늘 짊어지고 다니는 것처럼 저도 늘 작업실이란 공간과 떼어놓을 수 없는 것 같아요. 느릿느릿한 것도 꼭 같답니다.

집에서 작업을 한다는 건 장점이면서도 단점이 될 수 있어요.
그림을 그린다는 게 자유로운 영감을 얻어야 할 수 있는 일이잖아요. 그런 면에서 집이다 보니 제가 편한 시간대에 작업할 수 있는 게 좋아요. 반대로 아이도 있고 생활도 있는데 정해지지 않은 작업시간으로 인해 생활 패턴이 무너지는 것 같은 게 있어요. 또 집에만 있으니깐 보고 듣는 게 항상 한계가 있는 것도 같구요. 하지만 아이한테는 아이가 돌아오는 시간에 집에 있을 수 있으니 좋구요. 모든 일에는 장단점이 있는 것 같아요.

일본 잡지책의 내추럴한 스타일을 좋아해요.
워낙에 내추럴 소재를 좋아하니깐 전체적으로 나무(원목)느낌이었으면 했어요. 예쁜 공간에 제가 있는 게 좋아서 제가 좋아하는 내추럴한 느낌을 낼 수 있도록 최대한 원목 소재의 가구들로 꾸몄죠. 대부분 반제품을 이용해 직접 칠하고 만들어 컬러의 통일감을 주었고 일부는 직접 디자인해 가까운 공방에 의뢰를 해서 제작하였어요.

나만의 작업실 인테리어 팁 & 수납 노하우
tip + know-how

1 나무이야기 반제품을 활용해 만든 커다란 작업 책상. 모양이 예뻐서 패널 형태로 선택했는데 그림 그리기엔 살짝 불편하단다. 하지만 널찍한 것 하나만은 마음에 쏙 든다고

2 손잡이닷컴에서 나오는 다양한 수납 반제품을 활용해 만든 미니 서랍장들은 작은 용품 수납에 아주 좋다.

3 컨셉룸 가구란 곳에서 주문 제작한 보조 테이블. 앞으로도 열리고 위로도 열리는 기능성 테이블
앞에 달아준 주물 손잡이와 명찰 태그는 마켓엠 제품

4 자투리 나무를 이용해 벽 선반을 만들고, 그 위에 작업실 이름을 딴 우드 폰트를 올려주었다.

5 재봉틀이 없어도 얼마든지 만들 수 있는 조각 밸런스!
적당히 자른 사각형 천을 간단히 가장자리 말아 박고 위쪽은 봉이 들어가도록 한 번 더 접어 봉집을 만들어주면 끝!

그녀의 TIP

내추럴한 스타일을 연출하고 싶다면 일단은 가구와 수납장 소품 컬러를 한가지 톤으로 맞추는 게 중요한 것 같아요. 꼭 같은 색이 아니어도 같은 계열은 통일되도록 보이면서 단조로움을 피할 수 있죠. 톤을 맞춘 다음에 다양한 컬러를 가진 바느질 소품으로 장식하면 저처럼 잔잔한 소품이 많아도 전체적인 느낌은 통일된 내추럴한 느낌을 연출할 수 있답니다.

양효은 | 양효(34세)

일러스트레이터
홈페이지 www.handshouse.net
블로그 http://blog.naver.com/luciddidgy
이메일 handshouse@hanmail.net

작업실 가구 및 소품 구입처

반제품은 나무이야기나 손잡이닷컴을 이용하고 소품은 주로
고속터미널을 찾아가 사고 있어요. 한 달에 한 번 정도
아이쇼핑 삼아, 새로운 영감을 얻는 재미삼아 직접 나가고 있죠.

- **나무이야기** http://www.namuiyagi.com
  DIY 가구 전문, 가구 반제품, 목재 재단, 부자재
  깔끔한 디자인의 소나무가구, 애시(ash) 가구, 쎈백가구, DIY 기구 판매

- **자운영디자인** http://www.jwydesign.co.kr
  깔끔한 디자인의 소나무가구, 애시 가구, 편백가구, DIY 가구 판매

- **마켓엠** http://www.market-m.co.kr
  내추럴하면서도 감각 있는 가구와 소품, 문구, 예쁜 손잡이 판매

- **로즈마리** http://www.rosemari.co.kr
  강남 고속터미널 경부선 3층 302호 (T. 070-8286-9179)
  월~토 오전 6시~ 오후 6시 (매주 일, 공휴일 휴무)
  각종 인테리어 소품, 패브릭 소품, 조화, 가든 소품 판매

home + workroom / 01

STORY 05 삐뚤삐뚤한 홈질과 같은 것
내 삶의 스타일리스트 콩콩씨

바느질, 홈데코 작가 **고민숙**

아침 등원길, 아이를 바래다 주고 오면서 마당에 핀 꽃 몇 송이 꺾어 병에 나눠 담고, 아이들 방 피아노 위에 하나, 남편 작업실에 하나, 내 작업 데크 위에 하나 놓아둔다. 기분 좋은 하루를 여는 나만의 의식, 나만의 이벤트라고 할까.

오렌지색 처마 지붕 집 앞으로 넓은 마당이 있고, 나무 그네와 넓은 테이블이 마당 한자리에 놓여 있다. 담벼락과 마당 둘레를 따라 온갖 꽃과 식물들이 가득하고, 지붕보다 더 높이 자란 단풍나무 몇 그루가 집과 마당을 아늑히 감싸 안고 있다. 어딜 둘러보아도 그림이 되는 이곳은 고민숙의 작업실, 마당 있는 시골집이다.
그녀는 많은 도시인들의 로망인 마당 있는 집에 산다. 예쁘게 지어진 건물에 잘 다져진 전원주택이 아닌 말 그대로 시골에 있는 농가를 개조해 살고

있다. 그녀가 서울생활을 접고 도자기 공예를 하는 남편을 따라 이천의 시골로 내려온 지 벌써 7년이 되었다. 그동안 춥고, 덥고, 불편한 시골집에 적응하느라 많은 노력이 필요했다.

마당으로 난 데크룸은 콩콩씨의 워크룸,
가족의 리빙룸, 손님들의 홈카페

시골집에 살면 고치고 살아야 할 것이 한두 가지가 아니다. 몇 해 전에 그녀는 짧은 툇마루를 연장해 새로운 데크 공간을 만들었다. 시골에 내려와서 집에 필요한 것들을 하나씩 고치고, 만들어 쓰다 보니 이미 수준급의 리폼 솜씨로도 유명해진 그녀는 그동안 여기저기서 모아두었던 자재를 이용해서 큰돈 들이지 않고 멋진 데크룸을 만들 수 있었다. 폐자재와 파렛트를 이용해 마루를 확장하고, 반투명 슬레이트로 지붕을 올렸다. 특히 마당과 연결 되도록 개폐형으로 달아준 접이식 문은 동네의 폐업하는 인테리어 자재상에서 헐값에 사는 행운까지 얻었다고. 접이식 문을 달아주었더니 마당으로 난 데크룸은 여느 도시의 거실 부럽지 않게 되었고, 거창하게 변한 그곳에 맞게 엑스캔버스룸이라는 멋진 이름까지 붙여주었다. 데크룸이 완성되자 그녀가 그동안 만들었던 수납가구와 작업도구들이 하나씩하나씩 이 공간에 자리를 잡게 되었다. 방에 있던 재봉틀이 맨 먼저 자리를 틀었고, 커다란 테이블이 하나 놓이고, 좋아하는 책들도 데크룸의 선반에 꽂히고, 즐겨 마시는 핸드드립 커피 도구도 모두 이곳으로 나오면서 어느 새 데크는 그녀의 작업실이자 코지룸이 되었다. 여름밤이면 온 가족이 이곳에 모여 악기를 연주하기도 하고, 겨울밤엔 화로에 구운 고구미를 떠기도 하는 등 그녀를 비롯해 온 가족이 가장 좋아하는 공간이 되었다.

작업실은 홈질 같아요. 조금 삐뚤삐뚤해도 좋은, 순풍순풍 한 땀씩 숨통을 틔워가며 하는 홈질 같거든요. 어떤 것에 구속되지 않는 공간, 의무감이 없는 공간…. 내가 좋아서 하는 일을 내가 편한 시간에 즐기면서 할 수 있는 공간이 바로 나만의 작업실인 거죠.

그녀는 데크룸에서 좋아하는 바느질을 한다. 좋아하는 커피를 내리고, 좋아하는 사진을 찍고, 좋아하는 가드닝을 한다. 도예가인 남편의 도자기들이 장작가마에서 구워져 나오는 날엔 그 도자기에 이런저런 데코를 해보는 것도 즐긴다. 데크룸이 그녀에겐 자연스레 좋아하는 것을 하는 작업실이 되었지만, 작업실이라고 하여 뭔가 특별하고 대단한 것만 하는 곳은 아니다.
고민숙은 재주가 참 많은 여자다. 그녀의 솜씨는 이미 바느질 책과 리폼 책으로 출간되었고, 각종 언론 매체에도 소개가 될 만큼 유명하다. 하지만 그녀는 아직도 배우고 싶은 것이 많다. 해보고 싶은 것이 많다. 자수도 배워보고 싶고, 커피도, 꽃과 가드닝에 대해서도 좀 더 전문적으로 배워보고 싶다. 지금까지 누가 가르쳐줘서 알게 된 것들이 아닌 그녀의 감각으로, 노력으로 알게 된 것들이다 보니 작업실에서 하는 모든 것들을 좀 더 전문적이고 깊이 있는 지식으로 배워보고 싶은 것이다.

도자기, 핸드메이드, 꽃, 빈티지, 카페를 꿈꾸다

그녀는 현재 '가마가 텅 빈 날'이라는 도자기 숍을 운영 중이다. 남편의 도자기와 함께 그녀가 만든 핸드메이드 소품과 패브릭들도 같이 판매를 하고 있는데, 처음엔 그녀가 만든 것들을 판매하고 싶은 생각은 없었다. 그냥 도자기에 어울리게끔 예쁘게 코디해둔 것뿐인데, 고객과 방문객들마다 판매하는 상품인지 물어 조금씩 판매를 하게 되었다.
"워낙 빈티지를 좋아하다 보니 요즘엔 빈티지 소품도 하나씩 선별해서 가게에 전시하고 있는데 손님들이 그것도 판매하는 것이냐고 물어 와서 난감할 때가 많아요."

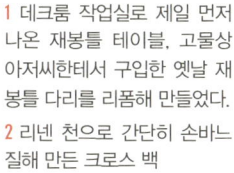

1 데크룸 작업실로 제일 먼저 나온 재봉틀 테이블. 고물상 아저씨한테서 구입한 옛날 재봉틀 다리를 리폼해 만들었다.
2 리넨 천으로 간단히 손바느질해 만든 크로스 백
3 빈티지한 느낌의 원단을 잘라 만든 앞치마도 자연스러운 인테리어 소품

4 아날로그 라디오를 통해 작업실에 흐르는 음악이 좋아!
5-6 꽃이 있는 계절엔 언제든 꽃 한송이를 테이블 위에 연출한다.

그녀에겐 꿈이 있다. 그녀의 작업실 데크룸에서 하고 있는 그녀가 좋아하는 것들을 모두 모아둔, 좋아하는 것들을 모두 할 수 있는 정식 공간 말이다. 남편의 도자기가 있고, 그녀가 만든 핸드메이드 작품들이 있고, 그녀가 그동안 모아온 빈티지 소품들이 모두 공존하는 갤러리 카페를 열고 싶은 것이다. 이미 그녀에게서 꽃과 자연은 떼어놓을 수 없으니 그 카페가 풍경 좋고 공기 맑은 전원에 있어야 하는 건 두말할 것도 없겠다. 그리고 그곳에서 핸드메이드를 좋아하는 사람들과 바느질도 하고, 도자기를 좋아하는 사람들과 도자기 체험도 하고, 크고 작은 전시도 개최하면서 서로의 정보와 문화를 교류하고 싶다.

자기만의 취미를 찾아 스트레스를 풀어라.
바느질이면 바느질, 리폼이면 리폼, 이렇게 꼭 한가지만이 아니어도 좋아요. 저처럼 바느질도 하고, 리폼도 하고, 꽃도 가꾸고, 배우고 싶은 대로 배우고, 만들고 싶은 대로 만들면서 아이들에게 필요한 소품, 옷, 집에 필요한 생활용품과 패브릭들을 만들고 장식해 쓰는 거죠. 큰돈 들이지 않아도 모두 할 수 있는 취미거리들이죠. 나만의 취미를 갖는다는 건, 뭔가 내가 좋아하는 일을 한다는 건, 주부가 받을 수 있는 갖가지 스트레를 풀 수 있는 최고의 해법이거든요.

바깥 풍경이 내다보이는 트인 공간에 작업실을 마련해보세요.
가족이 함께 있을 땐 온 가족의 리빙룸이 되기도 하지만 아이들 학교 가고, 남편은 작업실로 내려가면 오로지 저만의 작업실이 되죠. 사계절 색깔이 다른 마당을 내다보며, 음악을 들으며 혼자만의 바느질하는 시간이 좋아요. 특히 비가 오는 날엔 지붕으로 떨어지는 빗소리가 너무 좋아 가게에 나가야 하는 날도 데크룸에 머물고 싶을 때가 많죠.
마당이 있는 집이 아닌 일반 아파트에 사시는 분들도 바깥 풍경이 보이는 창가에 작업 테이블을 놓는 건 어떨까요? 베란다나 바깥으로 난 창이 있는 방에…. 가끔 바깥의 아름다운 풍경으로 인해 작업에 몰두가 안되는 단점이 있긴 하지만, 폐쇄적인 공간보다는 눈도 마음도 편안해지는 곳을 작업실로 쓰는 게 좋을 것 같아요.

나만의 작업실
인테리어 팁 & 수납 노하우
tip + know-how

그녀의 TIP

보이지 않도록 깔끔하게 숨기는 수납도 좋겠지만, 보여서 인테리어가 되게끔 수납하는 것도 좋은 방법이에요. 무조건 감추기보다는 부자재와 천들을 인테리어 소품으로 충분히 활용할 수 있어요.
내가 만든 소품들도 차곡차곡 접어두기보다는 나뭇가지와 다양한 걸이를 활용해 작업실 곳곳 걸어두면 그것이 바로 멋진 장식 소품이 되죠.

1 바닥도 천장도 모두 그동안 모아둔 자투리 나무들을 활용해 만든 그녀와 남편의 작품
2 부러진 나뭇가지를 이용해 만든 장식 걸이. 나뭇가지는 그냥 그대로 인테리어 소품이 된다.
3 양푼에 빨간색 페인팅을 하고 구멍을 뚫어 전선을 연결해 만든 전등
4 MDF 소재로 된 화이트 라탄 가구를 상판만 원목으로 바꿔주었는데 완전히 다른 분위기의 가구로 변신! 그 옆 블루 수납장은 버려진 큰 나무상자를 주워와서 문 달고, 다리 달고, 칸도 나누어 새로운 가구로 만들었다.
5 모기장을 잘라 위쪽에 레이스 원단을 연결했더니 멋진 레이스 커튼이 되었다.
6 반투명 슬레이트로 올린 지붕. 비가 내릴 때면 이곳에 앉아 빗소리 듣기를 가장 좋아한다는 그녀

고민숙 | 콩콩(39세)

바느질, 홈데코 작가
홈페이지 http://blog.naver.com/dalpange98
가마가 텅빈 날 경기도 이천시 사음동 508-1(도예촌 사기막골내)
T.031-631-3144 (매주 토요일 휴무, 방문 전 전화는 필수)
네이버 2008, 2009, 2010 생활공예 부분 파워블로그
손잡이닷컴 손자비아 활동 '손잡이의 20평 러브하우스' 공동저자 출간
네스홈 린네니아 활동 '리넨이 좋아 2' 공동저자 출간
2006 레이디경향
2007 전원속의내집
2007 쿠켄, 리빙센스
2008 리빙센스, 주부생활,
2009 여성중앙, 리빙센스, 여성조선,
2010 마임, 더플라워, 여성중앙, 리빙센스
그 외 다수 잡지, 방송 출연

작업실 가구 및 소품 구입처

- **네스홈** http://www.nesshome.com
  고급 리넨, 코튼 원단, 네스홈만의 감각 있는 일러스트 커트지, 부자재 판매

- **손잡이닷컴** http://www.sonjabee.com
  다양한 목재, 반제품, 패널, 루버, 페인트 판매

- **아리플리마켓** http://www.arifleamarket.com
  미국, 일본 수입 빈티지 소품, 스테인드 글라스 조명, 소잉, 빈티지 광고 보드 등 판매

- **키스마이하우스** http://www.kissmyhaus.com
  빈티지 가구, 소품, 조명, 라디오, 시계 등 판매

home
+
workroom / 01

STORY 06 꿈을 향한 가이드북

에이프릴의 스위트홈 아틀리에

리넨 & 코튼 소품, 의상 디자이너 **정길영**

제게 작업실은 누군가를 위한 가이드북 같은 것이에요. 옷을 만들 수 있는 패키지 작업을 하다 보니, 제 패키지가 누군가에게는 무언가를 만들 수 있게 안내하는 가이드북이 아닌가 하는 생각을 해요. 저는 그 분들이 최대한 잘 따라올 수 있도록 설명서를 만들고, 재료를 준비하죠. 작업실을 꾸미고, 제가 만든 옷의 사진을 찍어 올리는 것 또한 보시는 분들에게는 그 사진 한 컷으로도 만들어보고 싶은 옷, 따라하고 싶어지는 공간이 되는 것 같아요.

11평 신혼집에 작업실을 만들다

현관문을 열고 들어서면 왼쪽부터 차례로 작은 방 하나, 욕실, 주방이 나란히 있고, 주방과 가벽으로 살짝 나누어진 맨 안쪽에 그녀가 작업실로 쓰는

거실이 있다. 11평 작은 그녀의 집에서 가장 넓은 공간이다. 보통 원룸형 오피스텔 크기의 작은 평수지만 깨끗한 화이트 벽에 나무 책상과 나무 선반을 달아 내추럴한 분위기를 연출하고 최대한 공간의 여백을 많이 준 그녀의 집은 작아도 답답한 느낌이 전혀 없다. 그녀는 결혼한 지 1년도 채 지나지 않은 새내기 주부다. 신혼집에 작업실을 만들면서 침실방과 거실 사이에서 고민을 하였는데 결국 그녀가 가장 많은 시간을 머물고, 밝고 환기도 잘 돼서 작업하기 편한 거실을 작업실로 꾸몄다.

호주에 있는 오빠한테 다녀오라고 주신 돈으로
일본으로 시장조사를 떠나다

'에이프릴 스토리'를 통해 그녀만의 리넨 & 코튼 핸드메이드 옷을 만들고 있는 정길영의 첫 사회생활 시작은 구두 디자이너였다. 패션디자인을 전공한 그녀가 구두 디자이너가 되었을 때 이미 오래 가지 못할 것은 뻔했을까? 그녀는 얼마 다니지 못하고 회사를 그만두었다. 잠시 쉬는 동안 시골 부모님 댁에 내려가 편하게 읽으려고 좋아하는 책들을 챙겨갔는데, 하루는 그때 가져간 몇 권의 일본 잡지를 언니와 엄마와 함께 보았다. "이런 편안한 스타일의 옷은 너도 만들 수 있을 것 같은데, 이번 기회에 너만의 옷을 만들어 판매해보는 건 어때?" 그 당시 그녀가 한창 빠져 있던 일본 내추럴 스타일의 옷이 가득 실린 잡지를 보며 언니가 불쑥 말을 꺼냈다. 잠시 쉬다가 다시 직장을 알아보려는, 사회 초년생이나 다름없던 그녀에게 창업은 생각지도 못한 일이었다.
"쉬는 동안 엄마가 호주에 있는 오빠한테나 다녀오라고 했어요. 그런데 제가 그 돈을 일본에 시장조사 하러 가는 경비로 보태달라고 했죠." 언니의 말을 듣고 갑자기 창업에 대한 욕구가 일어났던 거다. 그녀의 재능을 인정하는 엄마도 허락하자, 그녀는 친구와 함께 바로 오사카로 날아가 잡지 속에 나왔던 숍들을 무작정 찾아 나섰다. 그때 일본에서 구해온 재료들로 가방과 파우치 같은 소품부터 만들어보았는데, 그걸 보고 이번엔 호주에 있던 오빠가 지금의 쇼핑몰을 만들어주었다. 언니도, 오빠도, 엄마도 온 가족이 그녀의 청년 창업을 위한 든든한 지원군이 되었다. 그렇게 그녀의 핸드메이드 브랜드 '에이프릴 스토리'가 시작되었다.

1 화이트 셔링 블라우스와 베이직 스커트
2 청해지 리넨 팬츠
3 빈티지 해지 베스트와 리넨 머플러
4 초콜릿 리넨 원피스
5 카키 리넨 원피스
6 빈티지 숄더백과 토드백
7 누빔 솜을 넣어 만든 도톰한 베이비 룸 슈즈
8 자투리 리넨 원단을 활용한 카드 케이스와 동전 지갑들

1 가벽에 조그맣게 낸 창문. 창문으로 들여다보는 작업실 풍경이 좋다.
2 베란다 쪽에서 바라본 집 안, 맞은편이 현관
3 중고로 구입한 공업용 미싱과 그녀의 피팅 모델이 되어주는 마네킹이 있는 작업실 풍경
4 부엌과 가벽을 두고 분리된 거실, 신혼 부부의 식탁이 되기도 하고 작업 책상이 되기도 하는 유용한 접이식 테이블
5 패션디자인학과를 입학해 처음 산 재단 가위, 문진도 오래된 그녀의 소잉 친구
6 그녀의 엄마가 만들어준 인형, 그 위에 옷은 직접 만들어 입혔다.

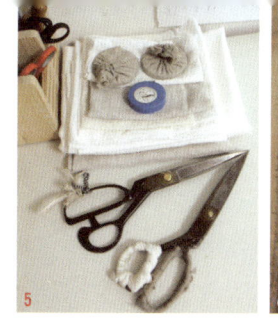

낮에는 나의 작업실, 주말엔 부부의 거실

'에이프릴'이라는 이름을 내건 지 벌써 5~6년의 시간이 흘렀다. 처음 그녀의 원룸 자취방에서 시작한 작업실은 2009년에는 신사동 가로수길에 그녀의 꿈이었던 내추럴 스타일의 숍 & 작업실을 냈다. 지금까지 자신을 서포트해주는 추진력 강한 언니와 함께 두 자매가 야심차게 시작한 첫 오프라인 숍이였지만 1년이 채 안돼 월세 부담으로 그만두게 되었다. 숍이 없어졌다고 일을 포기하지 않고, 그녀는 다시금 마음을 다잡고 쇼핑몰 작업에 몰두하기 위해 사당역 근처에 작은 작업실을 얻었다. 하지만 그 작업실도 결혼하면서 신혼집을 얻는 데 조금이라도 보탬이 되고 싶어 또 한 번 작업실을 정리하고 지금의 신혼 집으로 들어오게 된 것이다.
"처음 집에서 시작한 작업실이 돌고 돌아 다시 집으로 들어오게 되었네요. 하지만 이렇게 처음처럼 새로 시작하는 기분도 나쁘지 않아요. 처음엔 혼자였지만 지금은 내 일을 응원해주는 든든한 남편까지 있으니까요."
직접 옷을 만들어 입고 그걸 다른 사람에게 알려주는 패키지를 만드는 일을 그녀의 남편은 생소하면서도 신기해 했다. 그 덕분에 패키지 작업과 포장도 시간 내어 도와주는 또 한명의 든든한 서포터가 생겼다. 하지만 주말엔 무조건 자신과 놀아달라 떼쓰기도 한다며 그녀가 웃는다.

작업실은 꿈을 위해 걸어가는 나 자신에게도 가이드북

"에이프릴을 위한 작업실과 함께 저의 20대를 보냈어요. 결혼과 함께 서른이 되었는데 제 앞에 펼쳐진 30대에는 좀 더 다양한 것들을 배워보며 앞으로 제가 도전해볼 수 있는 또 다른 것이 무엇일까 찾아보고 싶어요."
사회 초년생 시절에 나름의 청년 창업으로 시작한 일이 지금의 그녀를 있게 하였지만, 그녀는 앞으로 하고 싶은 일엔 특별히 꿈을 정해두지 않았다. 그녀는 앞으로 해보고 싶은 일이 많다. 요리도 배우고 싶고(궁중요리 같은), 규방공예도 배우고 싶고, 한 사람의 전반적인 스타일을 코디해주는 라이프스타일링에도 관심이 많다. 20대엔 하나에 올인했다면, 30대엔 다양한 일들을 경험하면서 앞으로 자신이 어떤 멋진 것에 또 도전할 수 있을지, 어떤 모습으로 인생을 살아갈지 정해지지 않은 것에 기대가 많다고.

"지금까지 좋아하는 일을 위해 다양한 작업실에서 많은 시행착오를 거쳤어요. 앞으로도 작업실은 제게 끊임없는 꿈을 갖게 해줄 테고, 그 길을 잃지 않도록 인도하는 좋은 가이드북이 되어줄 거예요."

자격증보다는 많은 연습을 통한 자기 스타일을 찾는 게 중요해요.
패션디자인을 전공했기에 옷 만드는 일이 어렵지 않다고 말할 수 있기는 하지만 저 역시 이쪽 일을 시작하면서 소품을 만든다든지, 패치를 한다든지, 리넨을 다루는 일 등에 대해서는 새로 또 공부를 했어요. 대부분 일본 책들을 보면서 공부하고 따라하면서 저만의 스타일을 찾도록 노력했죠. 관련 학과를 공부할 수도 있고, 패션 기능사 관련 자격증도 있지만 그런 공부들은 기존 정해진 틀에 익숙해지기 때문에 자기만의 스타일을 찾고자 할 땐 큰 도움이 되지 못하더라구요. 가장 중요한 건 자기가 좋아하는 원단을 많이 다뤄보고, 원단의 특성을 파악하면서 자기만의 스타일을 끊임없이 연구하는 거겠죠. 물론 재봉틀은 기본적으로 사용할 수 있어야겠죠.

숍은 보여주는 부분이 크기 때문에 조금 더 신중히 결정하세요.
아무래도 작업실은 자기만의 공간이라고 생각하거든요. 근데 숍은 오픈이 되다 보니 항상 자리를 지켜야 하는 불편, 노출되는 불편, 보여주는 부분이 크기 때문에 작업실을 겸한 숍을 계획할 땐 좀 더 신중히 생각해 결정해야 할 것 같아요. 본인의 성격을 파악하는 것도 무엇보다 중요하구요. 사람들 상대하는 일이 어렵거나 작업하는 시간에 누구의 방해를 받는 걸 싫어한다면 숍보다는 그냥 집이나 조용한 작업실을 갖는 게 좋겠죠.

쇼핑몰과 숍의 병행은 쉽지 않은 일!
저 같은 경우 현재는 작업실에서 만든 제품을 쇼핑몰을 통해 판매하는데, 쇼핑몰과 숍을 병행하면 어느 한쪽이 소홀해질 수밖에 없더라구요. 운영하는 입장에선 둘 모두를 병행해야 하니 몸은 더 힘들어지지만, 둘 중 소홀해진 곳의 고객들은 서운할 수밖에 없죠. 본인이 하고 싶은 일과 판매할 수 있는 품목의 특성을 파악해 쇼핑몰이나 숍 가운데 하나를 집중 운영하는 것도 쉽게 실패하지 않는 좋은 방법인 것 같아요.

나만의 작업실 인테리어 팁 & 수납 노하우
tip + know-how

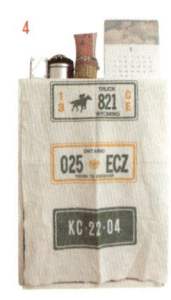

1-2 원단과 패키지들은 베란다를 다용도 수납실로 활용. 좁은 공간의 활용을 위해 최대한 차곡차곡 접어 깔끔히 정리 수납

3 손잡이 닷컴에서 나무 상판과 선반 다리를 따로 주문해 직접 만든 긴 2단 선반

4-5 버려진 수납장을 흰색으로 페인팅하고 벽에 걸어 수납 선반장으로 활용
앞에 예쁜 프린트 천을 달아주니 보기에도 깔끔하다.

6 낡아서 버릴까 했지만 선반 위에 올려놓고 엽서와 인형을 장식하니 새로운 분위기의 인테리어 소품 효과를 내는 철망 액자

7-8 이케아에서 구매한 칸칸 수납장은 가격도 저렴하면서 자잘한 부속품을 분리 수납하기에 알맞다.

그녀의 TIP

11평의 좁은 집이다 보니 저는 동선을 우선으로 가장 많이 생각했어요.
거실 한쪽 벽을 중심으로 'ㄷ'자 형태로 책상과 수납장, 재봉틀을 배치하고 재봉틀 뒤 베란다에 원단을 수납해 꺼내 쓰기 편하게 하였답니다. 좁은 공간일수록 필요한 가구만 들여놓고, 수납에 최대한 신경을 써야하죠.

정길영 | 에이프릴(30세)

패션디자인 전공
리넨 & 코튼 소품, 의상 디자이너
홈페이지 http://blog.naver.com/vangoch
에이프릴 스토리 http://www.aprilshop.co.kr

* 에이프릴 스토리는 한 달에 한 번 오픈숍으로 패키지 및 패턴 판매가 진행됩니다.
오픈숍 기간에만 판매가 가능하므로, 자세한 사항은 홈페이지를 참고하세요.

작업실 꾸미기에 좋은 소품 및 가구 구입처

마켓비(이케아) http://www.marketb.kr
이케아 접이식 작업책상, 칸칸 수납장, 철제 캐비닛 구입

마켓엠 http://www.market-m.co.kr
책상과 하얀색 의자 구입

다이소 http://www.daisomall.co.kr
가격도 저렴하고, 작은 물건, 부자재 수납할 수 있는 수납 박스들이 많아요.

내추럴 스타일 옷 만들기에 좋은 자재 및 부자재 구입처

저는 인터넷보다는 주로 동대문종합상가에 직접 나가서
원단이나 부자재를 구입하고 있어요.
제가 주로 이용하는 동대문 상가 몇 군데를 소개할게요.

대지상사 신관 3층 30호 (T. 02-2265-3498)
리넨 전문 상가, 내추럴한 고급 리넨 판매

코튼하우스 A동 3층 3071호 (T. 02-2264-6466)
단색 무지의 베이직한 코튼 원단 판매

보타니 D동 2층 2606호 (T. 02-2265-2500)
단추 전문 상가

atelier + workroom

작은 공간이어도 작업에 집중할 수 있는 곳이 필요했다.

atelier + workroom / 02

STORY 07 행복한 오너가 되는 자리

도자기에 들꽃을 담다

도자기 핸드페인팅 작가 **강선미**

나에게 작업실이란 행복한 오너가 되는 자리예요.
집에선 그냥 엄마, 아내, 주부이지만 작업실에 있는 동안 저는 오너가 되죠. 제 성격이 보편적이지 않으면서도 그동안 아주 보편적으로 살아왔는데, 작업실에 있을 때만은 제가 아주 특별해지죠. 캐모마일의 문을 열고 들어서는 순간 평범한 주부에서 멋진 오너가 되는 것이죠.

며칠 지루한 장맛비가 이어지던 날, 축축하고 습한 기운을 느끼며 도자기 핸드페인팅을 하는 강선미의 작업실을 찾아갔다. 그녀의 작업실 겸 공방 '캐모마일' 앞에 이르자 커다란 통유리창 앞에 예쁜 꽃들이 먼저 반겨준다. 그런데 공방 문을 열자 이번엔 더 많은 꽃들이 가득하다. 다양한 도자기 접시와 찻잔, 그릇 들에 코를 대고 향기를 맡아보고 싶을 만큼 예쁜 들꽃들이 가득 그려져 있었다.

공방 안에 조용히 흐르던 클래식 음악과 그녀가 그린 도자기 꽃들에 취해 있자니 작업실이 아닌 마치 허브 가든에 와 있는 기분이 들면서 며칠째 계속되던 축축한 기분이 상큼한 기운으로 바뀌어 온몸에 퍼진다. 그러고 보니 긴장을 완화시키는 효과가 있다는 꽃 캐모마일, 그녀의 작업실과 참 잘 어울리는 이름이다.

꽃을 좋아하는 그녀, 도자기에 꽃을 그리다

"직업 군인이던 남편 직장 따라 강원도에 산 적이 있어요. 그때 집 앞에 지천으로 널린 야생화를 보면서 하나씩 연필로 그려보며 외지에서의 지루한 시간을 달래던 게 지금 이 일을 하게 된 것 같아요. 제가 꽃을 워낙 좋아하거든요."

그녀는 도자기에 꽃을 그린다. 야생화든 허브든 꽃이라면 모두 좋아한다는 그녀는 들판에 핀 꽃들을, 탐스러운 꽃송이를 하얀 도자기에 그대로 담아내고 있다. 그녀는 대학에서 도자기 공예를 전공했다. 하지만 결혼을 하고 주부가 되면서 도자기 작업을 할 수가 없었는데 짧지 않은 세월을 돌아 지금은 도자기에 그림을 그리는 작가가 되어 좋아하는 도자기와 함께하고 있는 것이다.

페인팅 대신 꽃무늬 벽지를 천장까지 시공해 한결 집처럼 아늑한 공간으로 연출했다.
오래 전 포크아트를 배울 때 리폼해 만들었던 가구들도 지금의 캐모마일에 잘 어울리는 장식 효과를 낸다.

1-2 이전에 분식점으로 사용하던 곳이라 홀과 주방으로 나뉘어 있었다. 안쪽 주방 공간에 가마와 작업 책상을 배치해 실제 그녀의 작업이 주로 이루어지는 작업실이 되었다.
3-4 채색하지 않은 나무 그대로를 선반과 진열장으로 꾸며 내추럴한 분위기를 살렸다.
5 꽃을 좋아하는 그녀의 공방 앞엔 사계절 언제나 꽃으로 가득하다.
6 커서 썰렁하기만 했던 창 앞에 긴 선반을 달아 초벌 도자기들을 올려두니 자체가 예쁜 인테리어 효과를 낸다.

생각해보지 못한 일이 제2의 인생 창업의 길이 되다

그녀가 '캐모마일' 공방을 연 지 1년이 되어간다. 그녀 나이 오십이 넘은 늦은 시작이다.

"제가 만약 한 곳에 머물고 있었다면, 아마 좀 더 일찍 이 일을 시작하고 자리를 잡을 수 있었을 거예요. 좀 늦은 감이 있지만, 다행히 많이 늦지는 않았다 생각해요. 그동안 여러 지역을 옮겨 다니며 늘 새로운 이웃을 사귀어야 했던 것들이 지금 사람을 대하는 일에 많은 도움이 되는 것 같거든요."

도자기를 전공했던 그녀는 어느 날 자신이 좋아하는 꽃을 도자기에 그려보고 싶다는 생각이 들어 몇 가지 재료를 구입해 시작했다. 그렇게 그려두었던 작품들을 지인이 보고서 자신의 카페에 진열해보자고 제안했고, 그래서 몇 가지 작품을 진열해두었는데 그걸 보고 배우고 싶다는 수강 문의가 들어오기 시작했다. 시작은 그랬다. 우연히 지인의 소개로 교회에서 열린 지역사회 환원 행사에 페인팅 강좌로 참여도 하고, 지인의 카페에 전시도 했었는데 배워보고 싶다는 사람들이 생기면서 오늘의 캐모마일이, 그녀가 늦은 나이에 자신의 일을 찾게 된 계기가 되었던 거다.

"도자기 페인팅은 초벌 도자기에 페인팅을 하고 유약을 발라 다시 가마에 구워내야 하는데 초기엔 가마가 없어서 매번 후배 작업실을 찾아 다니며 굽곤 했죠." 그러다가 문득 지금이라도 다시 공방을 열어보는 게 어떨까 하는 생각이 든 것이다. 남편의 직장 따라 늘 이동이 잦았던 그녀가 10여 년 전 대전에 살 때 잠시 가구와 도자기에 그림을 그리는 포크아트 공방을 운영한 적이 있었는데 그때도 남편의 이동으로 2년을 채우지 못하고 그만두게 되었다. 그렇게 남편 따라 보낸 세월을 보상이라도 받으려는 듯 그녀는 큰 결심을 하고 지금의 자리에 작업실을 구해 가마를 넣게 된 것이다.

"아이들이 다 커서 대학에, 직장에 다녀요. 그동안 자신들의 뒷바라지로 집에서 취미로만 하고 있던 엄마가 일을 찾아서 잘해내는 모습에 아이들도 많이 응원해주더라구요. 그동안 집에만 있던 제가 좋아하는 일을 하면서 경제적으로 수입도 생기니 남편에게도 가족에게도 인정받는 것 같아 기분도 좋죠."

사진을 찍는 동안 새치가 생겨 자꾸만 신경 쓰인다며 소탈하게 웃는 그녀. 편안하게 사람을 대하는 여유로움에 세월의 연륜을 느낄 수는 있었지만 그녀와 얘기를 나누는 동안 작품과 일에 대한 애정과 열정은 청춘의 그것을 넘어선다는 생각이 들었다.

1 꽃이라면 다 좋아하지만, 특히 그녀가 좋아하는 보라색 벌개미취를 그린 다기들
2 코발트 블루 안료를 사용해 한 가지 톤으로만 그린 그림도 좋아한다.
3 다양한 허브를 담은 도자기들은 마치 허브 정원을 연상시킨다.
4 데이지 꽃을 응용해 그린 접시와 다기들
5 수묵화 기법으로 담은 연꽃과 작약 접시는 그대로 멋진 장식 액자가 된다.
6 도자기 핸드페인팅을 배우고자 찾아갔던 공방에서 딱 하루 배웠던 그녀의 첫 작품. 포크아트를 하던 스타일이 그대로 배어 있다고도…. 이후엔 독학으로 계속 연습하면서 지금의 그녀만의 스타일을 찾았다.

따로 정해진 커리큘럼을 두지 않고, 가능한 자유롭게 배울 수 있도록 하고 있죠.
저에게 수업을 배우시는 분들은 전업주부에서부터 창업을 생각하시는 분들까지 다양해요. 꽃가게나 소품가게를 운영 중인데 같이 접목해 배우고 싶어 하는 분들도 계시구요. 저는 그런 분들을 위해서 특별히 까다롭거나 복잡한 커리큘럼을 강요하지 않고, 언제든 시간이 나면 그때만이라도 집중해서 배울 수 있도록 해드리고 있어요. 주부들의 특성상 항상 정해진 시간을 내는 게 쉽지는 않잖아요. 대신 부지런한 분들은 같은 시간에 더 많은 것을 배우시기도 하죠.

누구나 와서 수다 떨고, 차 한 잔 마시고 가는 사랑방 같은 공간이었으면 좋겠어요.
도자기에 그림을 그리다 보면 수강생들과 많은 얘기를 나누게 되죠. 유쾌한 농담에서부터 인생사 고민거리, 때론 가정 대소사까지…. 수강생 대부분이 저와 같은 주부인데, 그림을 그리면서 잠시 그런 얘기들을 꺼내놓으면 한결 편안한 기분이 든답니다.

사랑스럽고, 아늑한 공간으로 느껴지도록 신경썼어요.
작품을 더 많이 진열하기보다는 공방에 들어왔을 때 좀 더 편안하고, 집처럼 아늑해 보이는 느낌이었으면 했어요. 보통 공방에서는 테이블이 더러워질까 딱딱한 작업 테이블을 사용하는 경우가 많은데 저는 모두 예쁜 천을 덮어 사용하죠. 다행히 안료가 물에 지워지니 좀 더 자주 세탁만 해주면 돼요. 천으로 덮어주다 보니 테이블은 큰돈을 들이지 않고 버려진 테이블이나 쓰던 것들을 리폼해 쓰고 있구요. 꽃을 주로 그리다 보니 공방에 꽃만한 소품이 없죠. 선물 받은 꽃들은 자연스럽게 말려 걸어둔답니다.

나만의 작업실 인테리어 팁 & 수납 노하우 tip + know-how

1 긴 'ㅁ'자 형태의 선반을 여러 개 만들어 지그재그로 연결하고 도자기들을 장식 수납했다. 그 아래에는 자투리 나무에 못을 박아 간단한 장식 훅을 만들어 꽃을 걸어두었다.
2 깨끗한 화이트의 초벌 도자기들은 그대로 장식 효과를 낸다.
3 못쓰는 나무 상자와 낡은 장식장에 포크아트로 그림을 그려 새 가구로 리폼했던 오래된 그녀의 가구
4 출근할 때 그녀의 화단에서, 들판에서 꺾어와 매일 바꿔주는 꽃 장식
5 지인이 이사가면서 오래된 가구라고 버리려 내놓은걸 갖고 와 공방 중앙에 놓았더니 한 자리에 둘러앉을 수 있어 수강생들이 좋아하는 테이블이 되었다.

그녀의 TIP

사람들이 늘 찾아오는 공방은 무조건 예뻐야 된다고 생각했어요. 작품도 예뻐야 하지만 공간도 예뻐야 되죠. 그래야 배우는 동안 머무르는 시간이 행복하고, 작품을 대하는 마음도 더 예뻐질 수 있으니까요. 그래서 페인팅 대신 꽃무늬 벽지를 이용해 벽을 꾸몄고 각각의 테이블에도 예쁜 패브릭을 덮어 아늑하게 연출했답니다. 꽃을 그리는 공방으로 꽃은 빠질 수 없는 필수 소품이죠.

강선미 | 캐모마일(51세)

도자기 핸드페인팅 작가 및 강사
이메일 Lsg906@hanmail.net
캐모마일 공방 경기도 수원시 영통구 망포동 296-12 (T. 010-5082-0826)
오픈시간 오전10시~오후6시
월, 화, 수, 목, 금
토, 일은 휴무(주말 수업 없음)
주말엔 수업이 없으므로 상담 오실 때는 미리 전화를 주신 후 방문해주세요.

도자기 핸드페인팅 작업에 필요한 재료 구입처

저는 직접 이천이나 여주의 초벌 전시장을 찾아가 구매하고 있어요.
요즘은 인터넷으로도 구매 가능한 걸로 알고 있어요.(초벌도자기와 안료로 검색)
안료마다 느낌이나 색감이 다 달라 써보면서
자기에게 맞는 안료를 찾는 게 중요하죠.

- **산청도예** 경기도 이천시 사음동 (T. 031-637-3338)
  다양한 초벌 도자기 판매, 머그, 접시, 식기류, 다기류 등

- **더 글로리아** 경기도 수원시 화서동 (T. 031-291-4196)
  카페 & 인테리어 소품 숍
  캐모마일 강선미 님의 외부 수업을 함께하실 수 있는 곳입니다.

atelier + workroom / 02

STORY 08 진정한 자아를 찾게 해주는 곳

그녀들의 달콤상큼 카페앳홈

인테리어 소품 쇼핑몰 2인의 오너 **김선경, 최미애**

김선경, 최미애라는 이름 이전에 누구의 엄마, 누구의 아내, 누구의 며느리 등 타이틀이 많은 우린 '아줌마'예요. 카페앳홈은 그런 아줌마에게 본래의 이름과 자아를 찾게 해준 소중한 공간이지요.

동업은 형제지간에도 하지 말라고 했다. 가까운 사이일수록 동업은 멀리하라는 옛말이 있지 않은가! 그런데 쇼핑몰을 운영해온 지 벌써 5년, 아무 탈 없이 동업 중인 두 여인이 있다. 누구든 그녀들을 만나 동업하는 얘기를 들으면 친자매로 알거나 시누와 올케 사이로 안다. 하지만 그녀들은 친구도 자매도 아닌, 남편 친구의 아내들이다. 결혼 전 남편을 통해서 서로 소개받아 알게 된 인연이 지금 '카페앳홈'의 공동 오너가 되어 친자매보다도, 친가족보다도, 남편들의 우정보다도 더 끈끈한 동업의 인연을 맺고 있는 것이다.

각자에게 맞는 업무를 분담해서 서로 잘하는 부분은 칭찬하고, 부족한 부분은 컨트롤해주며 인생의 동반자가 되어가고 있는 두 사람

분유값이라도 벌어보자며 두 여인이 모여 일을 내다

5년 동안 카드 디자이너로 일해왔던 김선경, 입시학원 유명 강사였던 최미애는 결혼과 함께 직장을 그만두게 되었다. 오랜 사회 생활 후에 찾아온 꿀맛 같은 자유인지라 처음 얼마간은 그저 편안하고 행복했다. 하지만 그것도 잠시, 한두 달 집에서 놀게 되니 팔다리가 꼬이고, 하루 종일 지루해 견딜 수가 없었다.

"그러다 저희 둘이 일을 쳤지요. 노는 것도 지겹다며 작은 쇼핑몰이라도 시작해서 아이 분유값 정도라도 벌어보자는 의견 일치를 보았던 거죠."

그때 당시 둘 모두 신혼이다 보니 예쁘게 집 꾸미는 것에 관심도 많고 평소 일본 소품과 내추럴한 옷을 자주 샀는데, 주변 사람들이 늘 예쁘다고 어디서 샀냐고 묻곤 한 것에 '이것들을 한 번 팔아봐' 하며 시작했던 첫 쇼핑몰 '앤트리'가 그녀들의 첫출발이었다.

처음에 신혼집 2평 남짓한 방 하나에 둘의 용돈을 모아 몇 가지 물건을 사서 시작했던 일이 1년 만에 집 근처 10평의 옥탑방을 구해 나름 확장 이전을 하게 되었고, 다시 1년 뒤엔 지금의 25평 사무실을 구했다. 두 여인의 초고속 성공신화라고 해야 할까.

그때 일을 해보고자 하는 아내에게 쇼핑몰을 직접 만들어준 남편, 그리고 젊은 애들은 나가서 놀더라도 일하는 게 보기 좋다며 손주까지 맡아준 시어머님의 지원이 오늘의 그녀들, 카페앳홈을 있게 한 원동력이라고….

"그때 분유값만 벌어라 하셨는데, 지금은 어머님께 맛있는 것도 사드리고 용돈도 가끔 드려요. 하하~."

1 25평의 뻥 뚫린 공간을 크게 3개의 공간으로 분리했다. 들어가는 입구는 타일을 깔아 집의 현관처럼 꾸몄다.

2 물건이 드나드는 일이 많은 쇼핑몰 쇼룸 공간이여서 가능한 벽쪽으로 깔끔하게 수납을 하고 움직임이 잦은 중앙 공간은 동선을 위해 비워 두었다.

3 선반이 끼워진 입체 가벽을 만들어 침실 공간과 분리했더니 장식효과를 내면서 침실은 더욱 아늑한 느낌으로 연출 되었다.

4 실제 주방에 쓰이는 그릇들은 모두 꺼내 진열 장식해 두었다. 방문하시는 분들도 쉽게 보실 수 있어 좋다.

5 맞춤 제작한 베드 스프레드와 깔끔한 베드 트레이

6 요즘 복고풍 열기로 한창 인기있는 코렐 빈티지 시리즈 식기들

7 카페 스타일의 내추럴한 원목 쟁반과 커트러리

집에 필요한 것을 판매하는 카페앳홈. 실제 집처럼 아기자기하게 꾸민 스튜디오 공간에 카페앳홈의 제품들을 다양하게 활용해서 실제 쓰임들을 보여주고 있다.

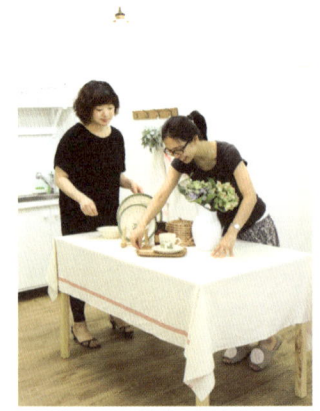

아이가 엄마의 품을 파고들어 안정을 찾듯 긴장감과 피곤함을 편안히 풀어줄 수 있는 카페 같은 공간이길 바랬어요.

그녀들의 작업실, 카페앳홈의 쇼룸 공간은 참 예쁘다. 실제 쇼핑몰을 통해서 보여주는 공간 그대로 말이다. 쇼핑몰은 매일 이루어지는 배송 작업과 물류 재고로 인해 예쁜 쇼룸 공간을 유지하기란 생각보다 쉽지 않지만 그녀들의 공간은 달라 보였다. 천성적으로 예쁜 걸 좋아해서 '집이 카페처럼 편안하고 예쁜 공간이었으면 좋겠다.'라는 생각으로 '카페앳홈'이라 이름 지은 것처럼, 그녀들은 작업실 역시 가능한 깔끔하고 예쁜 공간을 유지할 수 있도록 노력한다고 한다. 작업실도 집처럼 깔끔하고 예쁘면 일에서 얻는 긴장감과 스트레스도 줄이고, 일에 대한 성취감도 더 클 것이라 생각한다고.

힘들고 지칠 때면 카페앳홈의 고객이 있어
다시 용기 낼 수 있었던 시간들

두 사람이 카페앳홈을 운영해온 지도 벌써 5년이란 시간이 지났다. 예쁜 공간에서 예쁜 상품을 판매하는, 겉으로 보이는 화려한 모습과는 다르게 쇼핑몰 운영은 생각보다 많은 노동력을 요구한다. 자고 일어나면 몇 개가 생기고 없어질 정도로 요즘엔 쇼핑몰도 많고, 같은 상품이어도 어떻게 코디하고 쓰임을 보여주느냐에 따라 매출이 달라지기도 한다. 그런 이유로 상품 매입에서부터 촬영, 판매까지 신경 쓰이는 일이 한두 가지가 아니고, 매일매일의 택배 배송 업무는 생각보다 육체적으로도 많이 힘든 일이다
하지만 그 고단함 속에 두 사람을 지탱해주고 견딜 수 있게 해준 것은 지난 5년을 카페앳홈과 함께해온 고객들이다.
"하루 종일 피곤한 업무에 시달리다가도 쇼핑몰에 올라오는 고객의 감사 후기나 직접 전화까지 주시는 고객을 대할 때마다 언제 그랬냐는 듯 하루의 고단함을 잊을 수가 있었어요."

그녀들은 말한다. 두 사람이 서로 발을 맞춰 함께해온 것이 카페앳홈의 성공 비결이기도 하지만, 무엇보다 자신들이 소개하는 상품들을 믿고 변함없이 찾아주는 고객들이 있어 지금의 카페앳홈이 있을 수 있었다고. 상품 판매 이익에 앞서 나 자신이 누군가에게 기쁨과 만족을 주는 일을 할 수 있다는 보람과 용기를 준 것이, 그저 평범한 아줌마가 아닌 나 자신으로 살아가도록 해준 것이 바로 카페앳홈과 함께해온 고객이라고 말이다.

다른 사람과는 다른 시선에서 나만의 감각으로 할 수 있다는
자신감을 갖고 시작하세요!

생각했던 것보다 처음 시작은 쉽지 않을 수 있어요. 비슷한 상품을 취급하는 온라인 쇼핑몰이 워낙 많은데다 상품 사진만 간단히 찍어 올리는 예전과 달리 요즘은 활용도뿐 아니라 퀄리티 높은 사진을 찍어 운영하는 분들이 많아지다 보니 점점 더 경쟁이 치열해지는 것 같아요.
하지만 가능한 한 여느 사람과는 다른 시선에서 나만의 감각으로 표현할 수 있는 상품을 찾고, 할 수 있다는 자신감을 가지고 천천히 끈기를 갖고 도전해보세요. 많고 많은 쇼핑몰에서 처음부터 바로 눈에 띄게 발전할 수는 없거든요.

쇼핑몰 작업실이지만 가능한 깔끔한 쇼룸의 기능을 갖추려 노력했어요.

오프라인 숍이 있었으면 했지만, 아직은 아이들도 어리고 경험이 많지 않은 주부들이다 보니 오프라인 보다는 쇼핑몰로 시작하는 것이 상대적으로 안정되겠더라구요. 아이들이 함께 있는 시간이 많아서 가능한 사무실 공간을 상품을 수납해 두는 창고와 스튜디오(쇼룸) 공간으로 나누어 쾌적하게 꾸미도록 신경썼어요. 창고는 좁은 공간을 활용 가능한 수납이 많이 되도록 여러 단의 튼튼한 진열장 구조로 만들었구요. 사무실을 쇼룸으로 만들어두니 상품 촬영하기도 좋고 아이들이 왔을 때도 편하게 머물 수 있어 좋죠. 저희도 예쁜 공간에서 일할 수 있어 좋구요.

나만의 작업실 인테리어 팁 & 수납 노하우
tip + know-how

1 이케아 원목 책상과 의자, 선반으로 꾸민 작업 공간, 수납도 용이하고 장식효과도 좋은 철제 캐비닛들도 이케아 제품

2 물건이 많은 쇼핑몰의 특성상 눈에 보이지 않는 구석구석을 수납 공간으로 활용, 침대 밑 역시 보이지 않는 수납 공간이다.

3 깨지기 쉬운 그릇들이 많은 제품을 기능적으로 수납하기 위해 맞춤 제작한 진열대
여러 칸의 선반이 있는 큰 원목 진열장을 놓아 다양한 주방용품들을 수납해 두었다.

4 보이는 곳에 진열하기 어려운 제품들은 물류 창고(들어오는 입구 옆 공간)에 맞춤 앵글 선반을 제작해 차곡차곡 정리해 두었다.

5 한샘에서 판매하는 선반형 가구(레이시리즈)를 들여 각 칸마다 각기 다른 커트러리들을 수납했다.
위에는 나무 판으로 되어 있어 커트러리 일부를 꺼내 장식해 두었다.

그녀의 TIP

주방용품, 생활용품 등 취급하는 물건이 많다 보니 분류가 제대로 되지 않으면 물건을 찾기가 어려워요. 제품의 특성에 따라 분류하여 찾기 쉽고 꺼내기 쉽게 정리하는 것이 중요해요. 한눈에 알아볼 수 있도록 바구니나 수납 가구들을 이용해 정리하는 것도 좋은 방법이죠. 또한, 제품을 분류 수납하는 기준에는 품목별도 있지만 보여서 예쁜 것과 보이지 않게 깔끔하게 수납해야 하는 분류로도 나눈답니다. 그건 집에서도 마찬가지 인 것 같아요. 보여서 예쁜 것들은 선반이나 진열장을 활용해 정리하는 것이 찾기도 쉽죠.

김선경 | 스타카토(35세)　**최미애** | 카페앳홈(32세)

홈페이지 http://blog.naver.com/y00nsw
카페앳홈 http://www.e-cafeathome.co.kr
경기도 남양주시 와부읍 덕소리 251-4 동부플라자 4F 405호
오픈시간 오전 10시 ~ 오후 6시
매주 토, 일요일 휴무

작업실 가구 및 소품 구입처

작업실 가구들은 대부분 크기와 용도에 맞게 디자인하여
맞춤 제작한 가구들이에요.
싱크대, 자작나무 수납장, 분리형 책장, 선반 등….
그 외의 식탁이나 벤치, 의자류 등은 이케아에서 구입했고,
나머지 작은 수납함들은 카페앳홈의 상품들이죠.

- **카페앳홈** http://www.e-cafeathome.co.kr
  인테리어 소품, 일본 수입제품, 다양한 주방수납 소품,
  생활 수납소품, 바구니,
  컨추리, 빈티지 소품, 법랑 등 판매.

- **이케아몰** http://www.ikeamall.co.kr
- **이케아케이알** http://www.ikeakr.com
  이케아의 가구 제품은 대부분 완제품이 아니라 조립을 해야
  하고, 아주 단단하게 만들어진 제품은 아니지만 가격이 저렴하
  고 다양한 수납가구가 많아 좋답니다.

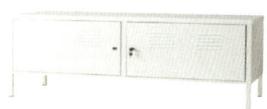

atelier
+
workroom / 02

STORY 09 내 삶의 도전!
이진하의 내추럴 토로시 공방

소품 가구 리폼, DIY 작가 **이진하**

벌써 5~6년 전 일이다. 인터넷상에 처음 블로그가 생기고 대중에게 파급될 즈음 인테리어에 관심 많은 블로거들 사이에 한때 사과상자를 이용한 리폼이 유행하였다. 사과 상자로 화분통도 만들고, 수납함도 만들고, 심지어 가구까지 만드는 리폼 블로거들로 인해 한동안 동네에서 사과상자 구하기가 힘들어져 귀한 대우를 받았던 적도 있다. 그렇게 버려진 사과상자를 귀하게 만든 장본인 중 한 명이 바로 이진하다. 아무도 관심 두지 않던 사과상자 하나로 일본 잡지에서나 볼 법한 컨추리 스타일의 수납 박스와 가구로 뚝딱 변신시키던 그녀. 분유통이나, 병따개, 괘종시계와 같이 버려진 물건을 리폼하여 만든 것들을 인터넷에 올리면서 리폼 블로거들 사이에 화제를 불러일으켰고 그로 인해 방송 출연도 쇄도하게 되었다. 한 번은 생활의 달인 방송 출연 후 한때 인터넷상에서 그녀를 모르면 간첩이라는 말까지 나와 이진하라는 이름이 포털 사이트 실시간 검색어 1위를 이틀 동안 기록한 적

도 있다고 한다. 그저 평범한 일반 주부였던 그녀의 이름이 말이다.

"그땐 저 역시 눈 떠서 눈 감을 때까지 리폼 생각만 했던 것 같아요. 사람들이 찾아주고 칭찬해주니 나에게도 이런 재주가 있었나 싶었거든요."

그녀는 스무 살 초반의 어린 나이에 결혼을 해서 시부모님 밑에서 육아와 살림에만 몰두하던 전업주부였다. 소심하고 낯가림이 심한 성격에 살림 외에 별다른 것을 생각해본 적이 없었다.

그러던 중 시부모님이 살던 20년 넘은 연립을 내 손으로 새로 꾸며볼까 하는 생각에 1만 원짜리 페인트 한 통을 사서 방문을 리폼하기 시작한 게 집 전체 리폼으로 이어졌고, 그 인테리어가 유명세를 떨치면서 리폼의 달인이라는 별칭을 얻으며 오늘의 그녀를 있게 했다.

1 그녀의 페인팅 스타일이 그대로 드러나는 16구 연필꽂이
2 빈티지 스크랩우드 스타일로 리폼해 만든 학교 의자
3 거꾸로 놓아도 바로 놓아도 예쁜 삼나무 모모9칸 수납장과 5칸 닐스 수납장
4 그녀가 만든 선반과 가구와 잘 매치되는 심플한 디자인의 일본 소품과 패브릭들
5 수납이 용이한 큼직한 그릇장은 맞춤형 주문 가구
6 그녀를 떠올리게 하는 코카콜라 스텐실 수납 박스

그녀, 생애 첫 공방을 마련하다

포천의 중앙 대로가에 그녀의 공방이 있다. 주변엔 주유소, 세탁소, 시청별관 등의 건물들이 있다. 그때까지 자신만의 일을 가져본 적이 한 번도 없었던, 평범한 주부로만 살아오던 그녀가 그저 집과 가까운 게 최고다 생각하고 오랫동안 비어 있던 그 자리를 자신의 가게로 계약했던 것이다. 오랫동안 비워 있어 전기도 끊기고 상태가 말이 아닌 가게였지만, 리폼의 달인답게 목공부터 조명까지 모든 걸 직접 도전해보기로 했다. 그녀는 평소 좋아하던 컴홈(일본의 내추럴 인테리어 무크지)에 나오는 홈카페 같은 스타일로 공방을 꾸미려고 생각했다. 아무것도 없던 헐벗은 시멘트 벽은 소나무 향기 솔솔 퍼지는 미송 패널로 대체되었고, 턱하니 막혀 있던 가벽에 구멍을 내고 카페의 주방과 같은 이미지를 연출했다. 고생고생하여 만든 가벽은 마치 작은 바처럼 완성 되었고, 그 위에 컴홈에서 보았던 스타일의 원목 창을 만들어 달고 마지막으로 미송 패널로 만든 어닝을 달아주었다. 태어나 처음 갖는 내 가게, 내 공방…. 그녀의 손길에 따라 이진하의 스타일 그대로 만들어지는 걸 보며 셀프 시공의 힘든 것도 잊은 채 뿌듯해 하고 있었는데, 하루는 지나는 사람들이 "여기 막걸리집 생기는 거예요?"라고 물어 완전 좌절했었다고.

머물다 가는 시간이 좋아!

이진하의 공방은 예쁜 카페와 가게들이 즐비한 홍대의 거리나 아담하고 조용한 부암동 주택 골목가가 더욱 잘 어울린다. 그녀 말대로 컴홈 잡지에서 금방 꺼내놓은 듯 내추럴한 스타일의 공방이 참으로 아늑하고 다정하기 때문이다. 매일 같이 드릴을 잡고, 붓을 들고, 두드리고, 칠하는 게 공방에서의 그녀 일상이지만, 왠지 그곳에서는 그런 것들은 잠시 내려놓고 그녀가 직접 내려주는 커피 한 잔을 앞에 놓고 앉아 나무 이야기, 가구 이야기, 또 사는 이야기를 해야만 할 것 같다. 사람을 좋아하는 그녀, 그녀를 좋아하는 사람들이 그곳에서 함께하는 수다만으로도 한나절은 거뜬하고, 그곳에서 머무는 시간이 마냥 좋기 때문이다.

1 실제 생활에 쓰이는 소품들을 함께 장식 진열함으로써 가구의 효과를 배가해 보여주고 있다.
2 여느 목공방과 달리 마치 카페처럼, 예쁜 소품 숍처럼 아기자기하게 꾸민 공간들
3 공방과 가벽으로 분리된 안쪽 공간은 그녀와 아이들이 쉴 수 있는 방처럼, 주방처럼 꾸며진 휴식공간

작업실은 내 삶의 또 다른 도전

"소심한 성격의 제가 리폼이라는 손재주를 통해 많은 사람들을 알게 되고, 소중한 인연을 맺고, 그 인연들로 인해 상상할 수도 없었던 저만의 공방을 운영하게 되었어요. 토로시 공방은 제 꿈을 이뤄준 곳이고, 지금도 더 많은 꿈을 향해 도전해가고 있어요."

그녀는 매 순간 꿈을 이루는 중이라고 했다. 매 순간 새로운 삶에 도전해가는 중이라고. 시부모님과 남편의 그늘 아래 혼자서는 아무것도 할 수 없었던 주부 이진하, 그녀에게 세상은 아직 많은 두려움이 존재하는 곳이지만 언제나 든든한 자신감을 불어 넣어주는 그녀만의 작업실이 있어, 그녀를 믿어주는 가족이 있어, 토로시 공방을 응원하는 사람들이 있어 꿈을 향해 나아가는 발걸음이 두렵지 않다고.

마치 커피 향기 가득한 카페를 연상시키는 그녀의 작업실은 100% 그녀의 손길로 탄생된 핸드메이드 공방이다.

공간을 분리해서 카페 같은 분위기를 내면서 안쪽에 숨어 있는 방을 만들다.
공방을 마련할 때만 해도 아이들이 어렸어요. 학교 갔다가 늘 공방으로 오곤 했는데 아이들을 위한 공간을 마련해줘야겠다는 생각을 했죠. 카페로 분리된 벽 뒤에 싱크대 모양의 위, 아래 수납장을 만들고 바닥은 마루를 돋아 올려 방처럼 만들어주었죠. 아이들 방과 후에 여기서 숙제도 하고 간식도 먹으며 엄마와 함께할 수 있어서 공방에서 이 공간을 가장 좋아해요.

나를 보고 찾아오고, 나를 보고 주문해주는 나만의 색깔을 찾아라.
요즘은 감각 있고 솜씨 좋은 분들이 많아요. 공방을 여시는 분들도 몇 년 사이 엄청 많구요. 그 속에서 경쟁력 있게 살아남으려면 무엇보다 나만의 색깔이 있어야 할 것 같아요. 나만의 스타일 말이에요. 그리고 요즘 주부들은 뭐든 멀티로 배우는 걸 좋아해서 가구 공방이라고 해서 꼭 가구만 하는 게 아니라 바느질이나 톨페인팅과 같은 다양한 수업을 연계하는 것도 좋을 것 같아요. 제가 하나밖에 모르는 스타일이어서 소품과 가구 하나만 해왔는데, 경기가 안 좋을 땐 바로 매출에 영향이 생기더라구요.

인테리어에 도전해보고 싶어요.
지금은 소품과 가구를 만들고 있지만 아이들이 더 커서 제 일에 좀 더 집중할 수 있을 때쯤엔 인테리어에 도전해보고 싶어요. 소품과 가구와 같은 소프트웨어에서 공간 전체를 내추럴한 스타일, 이진하만의 스타일로 꾸미고 탄생시키는 일을 해보고 싶어요.

나만의 작업실 인테리어 팁 & 수납 노하우
tip + know-how

1 깔끔하게 흰색 페인팅으로 벽을 마감하고, 가벽을 세운 자리엔 원목 어닝을 만들어 카페 분위기를 냈다.
2 벽의 절반에 원목 패널을 시공해 내추럴한 느낌을 한층 더 연출
3-4 가벽의 안쪽과 바깥쪽 모두 선반 형태의 수납이 가능하도록 만든 아이디어 창문
5 싱크대 스타일로 만들어진 원목 수납장엔 보이지 않는 자잘한 부품과 재료들을 보관하는 숨은 수납 공간
6 그녀가 항상 영감을 얻는 일본의 인테리어 무크지 'Come Home'

그녀의 TIP

컨추리 스타일의 페인팅을 할 때는 주로 스테인을 이용하구요. 빈티지 스타일의 벗겨낸 듯한 페인팅을 할 때는 진한색의 스테인을 밑바탕으로 바른 후, 그 위에 다시 원액의 페인트를 두세 번 칠하고 충분히 건조시킨 후에 사포로 샌딩을 한답니다. 색의 번짐을 막기 위해 물을 타지 않는 게 중요해요. 샌딩은 원하는 만큼!

이진하 | 토로시(38세)

리폼, DIY 작가, 핸드메이드 가구 작가
홈페이지 http://blog.naver.com/asss9023
토로시 공방 경기도 포천시 중앙로 50번지
공방 오픈시간 최근엔 수강보다 개인 작업실로 쓰고 있어요.
따로 휴무일은 없지만 개인적인 일이 있을 땐 문을 닫으니,
방문 전에 미리 연락을 하고 오세요.
네이버 2008, 2009 가구, 인테리어 부분 파워블로그
손잡이닷컴 손자비아 활동 '손잡이의 20평 러브하우스' 공동저자 출간
SBS '생활의 달인' 3회 방송 출연(리폼의 달인 편)
KBS '생방송 무엇이든 물어보세요' 출연(주방 인테리어 편)
그 외 다수 잡지 및 방송 출연

작업실 가구 및 소품 구입처

- **손잡이닷컴** http://www.sonjabee.com
  다양한 회사의 페인트를 한곳에서 구매할 수 있는 손잡이닷컴을 많이 애용하고 있어요.
  페인트를 비롯해서 나무, 목재, 스텐실 도안, 그래픽 스티커, 반제품 등등

- **아리플리마켓** http://www.arifleamarket.com
  가게 장식을 위해 꾸며진 소품은 빈티지 소품이라면 없는 게 없는
  아리플리마켓을 많이 이용합니다.
  스테인드 글라스, 빈티지 트렁크, 타자기, 유리병, 그 외 소품들

atelier + workroom / 02

STORY 10 꿈을 향한 제한 없는 공간

초록여신의 핸드메이드 세상, Abandonne!

리본, 펠트, 소품 DIY 작가 **김수영**

어릴 때부터 늘 바쁘신 부모님을 대신해 혼자 강아지와 인형들에게 말을 걸며 놀곤 했어요. 그 버릇은 지금까지도 이어져서 작업실에 놓여 있는 제가 만든 작품들과 얘기를 나눈답니다. 나의 일상의 반을 보내는 작업실… 그렇게 작업실에 머무는 시간이 좋아요.

예쁜 꽃들이 핀 아담한 정원의 3층 건물, 1층엔 통유리창의 예쁜 숍 & 카페가 있고, 2층엔 누구에게도 방해 받지 않는 나만의 작업실이 있고, 3층엔 아담한 다락방까지 딸린 우리 가족의 스위트홈이 있다. 아, 생각만 해도 입가에 미소가 지어지고 가슴에 묘한 떨림이 생기는 모든 여자들의 로망!
보통 누군가 이렇게 말한다면 "그게 현실에서 가능하겠어?"라고 딱 잘라 말해주고 싶을 거다. 하지만 그녀는 다르다. 이미 그녀는 그 꿈에, 그 로망에 아주 많이 다가가 있다.

그녀의 작업실은 남편이 운영하는 악기사 2층에 있다. 그녀의 작업실은 그녀의 3층 집 아래 2층에 있다. 그러니 모든 여자들의 로망에서 부족한 것은, 1층이 그녀가 원하는 예쁜 숍 & 카페가 아닌 것뿐이다.

혼자서 작업실에 있는 시간이 좋아요. 길거리 조명을 무드 삼아 좋아하는 걸 만들고 있을 때면 세상 모든 걸 가진 것 같거든요.

"결혼 후 아파트 생활만 하다가 최근에 남편이 운영하는 매장이 있는 상가 건물로 이사를 왔어요. 마침 2층 한쪽 공간이 비어 있었는데 생각지도 못하게 남편이 제 작업실로 내어주었어요. 이전 아파트에서 작은방 한 칸을 작업실로 썼는데, 시간이 지날수록 물건들이 넘쳐나면서 좁고 답답하게 쓴 것이 맘에 걸렸나봐요."

편안한 아파트를 두고 상가건물로 이사 와 한동안 상가를 집으로 만드는 힘들고 지루한 작업에 지쳐 있을 때쯤 남편이 준 선물 같은 것이라고 해야 할까? 도로 옆에 위치한 상가건물 2층이어서 조금 산만하고 시끄럽지 않을까 생각했지만, 그녀는 아랑곳하지 않는다. 이전의 좁은 방에서와 달리 커다란

1 길쭉하게 생긴 공간을 활용해 왼쪽 창가엔 작업 책상들을 놓고, 오른쪽엔 진열장을 놓아 깔끔하게 정리
2 4개의 장식장에 그녀의 다양한 핸드메이드 작품들을 테마별로 나눠 전시해 두었다.

작업 책상을 두 개나 놓아둘 수 있고, 그동안 만든 것들을 모두 진열할 수 있는 커다란 진열장도 있고, 누군가 오면 따뜻한 차 한잔 마실 수 있는 소파까지 있으니 말이다. 밤에 비치는 길거리 조명이 멋진 무드 조명으로 느껴질 정도라며 그녀는 자신만의 작업실이 있다는 게 얼마나 행복한지 모르겠다 한다.

"책상도 놓지 않고 아무것도 꾸미지 않았을 때도 그냥 내려와 있으면서 히죽히죽 웃다 가곤 했다니깐요."

블로그에서 '초록여신'이라는 닉네임을 갖고 있는 그녀는 진정한 DIY의 여신

그녀는 작업실에서 손으로 만들 수 있는 건 뭐든 만든다. 리본과 비즈를 이용해서 예쁜 액세서리를 만들고, 펠트를 이용해서 깜찍한 캐릭터 소품을 만들고, 때론 전혀 다른 분위기의 전통 규방공예를 실생활에 응용할 수 있는 작품을 보여준다. 리본, 비즈, 펠트, 규방 공예까지 못하는 게 없는 그녀다. 또 뭐든 나누기를 좋아하는 그녀는 블로그를 통해서 자신이 만든 것들을 소개하고 있다. 예쁘게 사진 찍어 보여주고, 제작 방법과 도안도 공유한다. 그

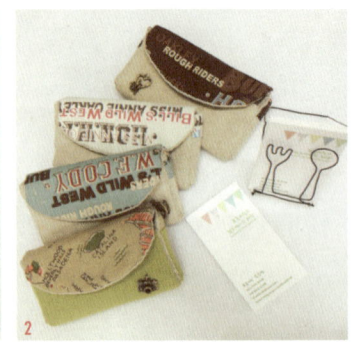

1 이곳 작업실을 만들고 처음 만들었던 웰컴 장식 걸이
2 다양한 빈티지 레터링 원단을 이용해 만든 사각 파우치
3 부드러운 펠트 원단으로 만든 유니콘 인형
4 펠트 원단으로 만든 다양한 크기의 가방과 꽃 코사주들
5 도일리 펠트를 들고 있는 예쁜 소녀 인형들
6 계란 종이 상자를 재활용해 만든 핀쿠션 세트

녀의 작품을 보고 예쁘다 칭찬해주면 그게 좋아서 그녀는 쓸모 있는 자료가 있다면 주저 없이 블로그에 올리고 늘 새로운 아이디어를 찾아 작품을 만들어 공유하는 것이다.

처음에 그녀는 집에서 혼자만 만들어보는 것이 안타까워 작은 액세서리 쇼핑몰을 운영했었다. 하지만 욕심 내지 않고 거의 이윤 없는 장사를 하다 보니 매번 신상품 업데이트에 주문관리까지 신경만 많이 쓰이고, 시간도 많이 뺏겨서 모두 정리하고 지금은 이렇게 블로그를 통해서 사람들과 정보 교류하는 취미로 만족하고 있다. 취미로 하는 일이라지만 얼마 전 지역 핸드메이드 페어에 작가로 참여할 만큼 솜씨가 뛰어난 그녀. '예쁜 얼굴만큼 솜씨도 예쁜 초록여신', '닉네임이 무색하지 않은 진정한 DIY의 여신'이라는 등 이웃들의 칭찬을 듣고 있다.

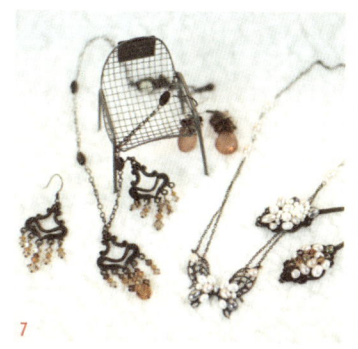

내가 가진 재능으로 누군가에게 힘이 되어주는 삶을 살고 싶어요

하지만 이런 그녀의 본 직업이 따로 있다는 걸 아는 사람은 많지 않다. 그녀는 음악을 전공했고 현재 직업은 플루트 강사다. 예전에도 그랬고 지금도 그녀는 플루트 강사를 하고 있다. 그녀의 멋진 핸드메이드 솜씨로 인해서 작품 수강 문의도, 아름아름 주문도 늘어나고 있지만 아직까지 그녀가 취미로만 하고 있는 이유 또한 음악에 대한 우선 순위를 버릴 수 없어서다. 그녀는 언젠가는 음악치료사가 되고 싶다 했다. 항상 음악으로 위안을 받고 있는 그녀, 다른 사람의 아픈 마음도 음악으로 치유해줄 수 있는 그런 일을 해보고 싶다고.

7-9 다양한 비즈와 크리스털을 이용해 만든 반짝반짝 액세서리들

10 규방공예 액세서리 중 하나로 꽃봉오리 모양으로 만든 빛깔 고운 휴대폰 걸이들

11 리넨 원단에 꽃 모티브로 자수를 놓은 원형 티매트 세트

12 규방공예 소품 중 하나인 도장집과 복주머니. 조각천을 이용한 냉장고 자석세트

블로그를 통해서 그녀를 아는 이는 그녀가 플루트 강사란 사실이 생소하고, 그녀를 아는 가까운 지인들은 그녀에게 이런 손재주가 있다는 걸 신기해 한다고….
"그런데 참 재미있죠. 블로그를 통해서 핸드메이드 자료들을 공유하고 나눔을 하는 것이 어느 순간 제가 하고 싶은 공부와 연계되어 있단 생각을 해요. 저 때문에 좋은 정보도 얻고, 예쁜 작품들로 인해 새로운 위안을 얻었다는 말을 자주 듣게 되거든요." 항상 음악과 함께 살아왔던 그녀에게는 이제 핸드메이드 또한 그녀의 일상에서 떼어놓을 수 없는 한 부분이 되어 있었다. "저는 누군가를 위로해주는 일이 좋아요. 다른 사람을 위로하면서 저 또한 위로를 받게 되거든요. 서로를 향한 위로와 나눔은 제 안에 늘 새로운 에너지가 생기도록 도와준답니다."
꽃들이 가득한 마당 있는 숍 & 카페 위의 2층 작업실! 한쪽에선 핸드메이드를 공유하고, 한쪽에선 누구든 음악을 가까이할 수 있는 연습실까지 같이할 수 있는 작업실로 로망 변경!

"음악 용어에 abandonne이라는 용어가 있어요. 정해진 틀이 주어지지 않은 상태에서 자유롭게 접목시켜 나만의 음악을 만든다는 것인데, 핸드메이드 DIY의 세상 역시 정말 그러하죠. 그래서 제 꿈에도 정해진 틀을 주고 싶지는 않아요. 그게 음악이든 핸드메이드 분야든 좋아하는 일을 위해, 제가 하고 싶은 일을 위해 정해진 틀을, 미리 만들어진 답을 주진 않으려구요."

친구들에게 엄마가 만든 것들을 자랑하고 싶어해요.
아이들은 음악을 하는 엄마도 좋아하지만, DIY 소품을 만드는 엄마도 좋아해요. 딸 아이는 늘 친구들을 엄마 작업실에 데려와서 제가 만든 액세서리며 소품을 자랑하고 싶어하구요. 중학생 아들은 저와 같이 뭔가 만들어보는 일을 좋아하죠. 여러 재료들이 있다 보니 다양하게 활용하면서 자신만의 아이디어를 내어 저도 생각하지 못한 걸 만들어낸답니다. 아이들은 오히려 자기들한테 필요한 걸 만들어주니 엄마의 취미생활을 더 좋아하는 것 같아요.

자격증보다는 자신만의 감각과 스타일이 더 중요하죠.
저는 처음 배울 때도 혼자서 책 보며 배웠어요. 자꾸 만들어보고, 많은 자료를 찾아 따라하니 어느 순간 저만의 스타일이 생기더라구요. 물론, 전문 강사가 되고자 할 땐 어쩔 수 없이 자격증을 소지해야 하는 환경이긴 하지만 그렇다고 자격증이 전부는 아니죠. 무엇보다 자신의 스타일을 찾는 게 제일 중요하죠. 그건 누가 가르쳐줘서 얻을 수 있다기보다는 많이 만들어보고, 끊임없이 고민해야만 가능한 것이거든요. 그리고 비즈 공예, 리본 공예, 펠트 공예… 이런 식으로 꼭 분야를 나눠 그 분야에 쓰이는 재료만 써야 한다는 고정관념에 빠지지 않는 것도 중요하죠. 비즈와 펠트, 종이와 천…다양한 분야의 재료를 조화롭게 활용하면 자신만의 개성 있는 스타일을 찾는 데 많은 도움이 된답니다.

나만의 작업실 인테리어 팁 & 수납 노하우
tip + know-how

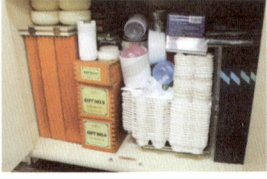

그녀의 TIP

음료수 병, 홍삼 박스, 와인 박스 같은 것을 재활용해 재료를 쉽게 찾을 수 있도록 분리 보관했어요. 선물 들어 오는 것 중에 튼튼한 상자가 있으면 버리지 않고 꼭 활용한답니다.

1 결혼하면서 구입했던 14년 된 낡은 거실장을 작업실에 놓아 작품들을 전시하는 진열장으로 사용

2 진열장 아래에는 좋은 리폼 재료들이 되는 다양한 생활 박스들을 버리지 않고 모아두었다.

3 사용하지 않는 주방용 수납 스텐 받침을 벽에 걸어 비즈할 때 꼭 필요한 니퍼들을 정리했다. 위쪽 철망은 고기 구이용으로 사용하다 낡은 것을 사진을 장식하는 보드로 재활용

4 책상 서랍 안에는 양모, 리본, 각종 종이들을 한 칸씩 분리 수납했다.

5 다양한 수실과 부재료들을 칸칸 서랍장에 네임 태그를 붙여 분리 수납

6 액세서리 작업에 필요한 조그만 비즈, 구슬과 같은 재료는 투명한 음료수 병이나 작은 통에 넣어 찾기 쉽게 수납

7 아들이 만들어 준 와이어 명함 꽂이는 엄마에게 유용한 장식 소품

8 원단과 펠트 원단들도 분리해 차곡차곡 수납

김수영 | 초록여신(40세)

리본, 펠트, 소품 DIY 작가
프리랜서 플루트 강사
홈페이지 http://blog.naver.com/flute8248
네이버 2010년 생활공예 부분 파워블로그
2011 리빙 핸드메이드페어 초대 작가 전시
'예쁜 소품 만들기' 작가
'행복한 DIY' 작가
'디자인콘서트 홈데코' 작가
'디웨이 펠트' 작가
'이지데이 마니아' 작가
'핑거스토리' 스타 작가

소품 DIY 작업에 필요한 재료 구입처

지방에 살고 있어서 재료 구입은 대부분 인터넷을 통해서 하고 있어요.

- **비즈아이** http://www.beads-i.com
각종 원석과 비즈, 참 장식, 펜던트, 메탈, 부재료

- **하우비즈** http://www.howbeads.com
수입 비즈, 다양한 비즈 액세서리, DIY 패키지

- **디웨이** http://www.dway.co.kr
각종 펠트 원단, 양모, 펠트 실, 부자재, DIY 패키지

- **핑거스토리** http://www.fingerstory.kr
각종 핸드메이드 DIY, DIY 부자재, 디자인 문구 판매

atelier
+ workroom / 02

STORY 11 내 꿈의 비밀 공작소
니나의 시크릿 가든

핸드메이드 비누 강사 **천미연**

'시크릿 가든', 작업실은 제 꿈의 공작소예요. 제가 하고 싶었던 일을, 꿈꾸던 일을 마음껏 만들고, 이루게 하는 공작소죠. 이런 공간을 가지고 있다는 게 제 인생에서 기쁨이고 행복이에요.

피아노를 전공한 그녀, 천미연은 아이를 낳고 집에 있다 보니 일상이 지루해지기 시작했다. 그녀는 평소 꽃과 패브릭을 이용해서 예쁜 집 꾸미는 것을 좋아했다. 어머님이 쓰시던 재봉틀을 이용해 쿠션도 만들어보고, 아이들 방 커튼도 만들어보면서 그동안은 사서 쓰던 패브릭을 직접 만들 수 있게 되었다. 점차 신이 난 그녀는 직접 만든 패브릭으로 두 딸아이 방을 각각의 다른 분위기로 꾸며주었다. 이런 그녀의 집이 미니홈피를 통해 점점 알려지기 시작하면서 그녀의 로맨틱한 스타일의 인테리어는 어느 새 공주풍 인테리어로 유명세를 떨치기 시작하면서 각종 방송 매체와 잡지를 통해 소개되

었다.

벌써 몇 년 전의 이야기다. 그날도 천미연은 인테리어 리폼에 관한 방송 출연을 준비 중이었다. 그때 같이 출연하게 된 수제 비누 만드는 분이 아토피에 천연비누가 좋다고 설명하는데, 순서를 기다리던 그녀의 귀가 혹했다. 아이들이랑 남편이 아토피로 늘 괴로워하고 있었기 때문이다.

인테리어 리폼의 여왕 비누에 빠지다

"남편과 딸아이 둘 모두 아토피가 심했거든요. 처음엔 수제 천연 비누가 아토피에 좋다고 해서 가족을 위해 만들어 쓸 만큼만 배워보려 했어요. 큰돈 드는 것도 아닌데 가족을 위해 직접 만들어 쓰고, 효과도 있다면 좋은 일이라 생각했거든요."

그렇게 그녀는 가까운 비누 공방을 찾아가 비누 수업을 받았는데 그게 생각보다 아주 흥미로웠다. 피부 타입에 맞는 재료를 선택하고, 나만의 디자인을 하고, 예쁜 색깔, 향기까지 내가 원하는 걸로 맞춰 비누를 만들어 쓸 수 있다는 것이 그녀를 매혹시켰던 것이다. 또 그녀가 만든 비누를 쓰면서부터 거짓말처럼 아이들의 아토피가 좋아지기 시작했고, 이렇게 좋은 비누를 그녀 가족만이 아니라 더 많은 사람들이 쓰게 하고 싶고, 알려주고 싶어졌던 것이다. 그동안 인테리어 리폼의 여왕이란 별칭까지 얻었던 그녀의 관심사가 일순간 집꾸미기에서 수제 비누로 넘어간 것이다. 인테리어 리폼이라는 게 어느 정도 꾸며놓고 나면 슬슬 흥미를 잃기 쉬운 터라 그녀 역시 집꾸미는 일에 싫증을 느끼던 중이었다.

1 백일이나 돌잔치 선물로 인기 만점인 아기 신발을 장식한 비누와 액자 비누
2 꺼내두면 예쁜 장식 소품이 되는 선물용 꽃 비누
3 선물용으로 판매되는 다양한 장식 비누들
4 녹지 않는 아이스크림, 비누로 만들어본 더블 아이스크림 콘 디자인 비누
5 천연비누에 머핀 데코를 접목하여 처음으로 시도한 디자인 머핀 케이크 비누
6 시들지 않는, 멋진 인테리어 소품이 되는 라일락 꽃 비누
7 동분서주 백방으로 뛰어다니며 연구해 만든 그녀만의 몰드들, 이젠 어떤 모양도 몰드로 제작이 가능하다.
8 흔들 목마처럼 만든 유니콘 입체 4D 디자인 비누
9 아이들 어렸을 적에 사용한 우유병을 수제 몰드로 만들어 완성한 천연비누

꿈의 비밀 공작소, 시크릿 가든이 생기다

"제가 직접 재료를 확인하면서 만들 수 있으니 무엇보다 믿을 수가 있었어요. 기본 천연재료 외에도 베이스 재료들까지 천연에 가까운 국산 재료들을 사용해 만들죠." 이렇게 수제 비누의 매력에 푹 빠진 그녀는 전문 강사 과정까지 취득하게 되었고 집에서 홈클래스를 시작으로 수제 비누 강사의 길로 들어서게 된 것이다.

"집에서 홈클래스를 1년 정도 했어요. 그런데 집에서 하다 보니 배우러 오는 분들은 한정적인 반면에 제 작업 재료는 점점 늘어나면서 공방이 있었으면 좋겠다는 생각이 들더라구요."

그렇게 집 가까운 곳에 8평짜리 작은 공간에 그녀의 첫 작업실, '니나의 시크릿가든' 공방을 오픈했다. 우연한 기회로 접하게 된 비누가 그녀를 계속해서 움직이게 하였고, 소원하던 공방까지 마련하게 한 것이다. 신이 난 그녀는 본격적으로 비누 수업과 비누 제작을 하게 되었고, 그동안 그녀의 공주풍 인테리어 감각을 닮아서인지 여성스럽고 사랑스러운 컬러와 모양의 비누들은 특별한 날 답례품이나 선물용으로 인기를 모았고, 점점 더 그녀의 비누를 주문하는 사람들이 많아지게 되었다.

1 공간을 반으로 분리해 한쪽을 주방처럼 만들어 카페같은 공간으로 연출
2 교회로 들어가는 복도, 복도까지 예쁘게 장식하여 입구부터 화사하게 연출했다.

3 다양한 선반을 활용해서 작품들을 전시해 갤러리처럼 만든 공간

시크릿 가든 보금자리를 찾다

최근 그녀는 목회자인 남편의 교회 건물 2층으로 다시 한 번 공방을 옮겼다. 그녀를 찾아주는 사람과 그녀가 벌인 일들로 이미 8평의 공간은 너무 작아졌기 때문이다. 그녀는 좀 더 쾌적하고 아늑한 공간에서 사람들을 맞고 싶었다. 그녀의 예쁜 집처럼, 그녀의 시크릿가든도 예쁜 곳으로 만들고 싶었다. 이 자리로 옮기면서 남편의 지원이 컸다. 한여름 내내 굵은 땀 흘려가며 그녀를 위해 직접 셀프 공사를 맡아주었고, 그녀가 꿈꾸던 작은 카페 같은 공방이 완성되었다. 그녀는 앞으로 이곳에서 만나게 될 사람을 기대한다.

"주부들이 뭐라도 배우고자 결심할 때 그 이면엔 채워지지 않았던 공허한 마음이 크답니다. 우울한 기분에 빠져 있거나, 자신의 삶에 대해 허무함을 느낄 때 뭔가 배우고 싶어지죠. 그래서 수업을 하면서 비누에 대한 실무뿐 아니라 이런저런 사는 얘기도 나누고 차도 마시면서 그녀들의 공허한 마음까지 따뜻하게 안아줄 수 있는 공간이 되길 바라고 있어요."

복도로 난 창에서 들여다보는 갤러리 공간. 로맨틱한 핑크와 내추럴한 원목의 조화에 비누방울같이 느껴지는 유리 방울 장식으로 인해 신비스러운 느낌이 가득하다.

세상 하나밖에 없는 비누를 위해 나만의 몰드를 만들다.
비누를 만들다 보니 나만의 비누에 대해 더 많은 욕심이 생겼어요. 자신이 직접 만드는 수제 비누라고 해도 기성으로 나오는 몰드로는 완벽한 개성을 살릴 수 없거든요. 해답은 나만의 몰드를 만드는 것! 하지만 자신들의 영역을 파고드는 저에게 누구도 몰드 제작방법을 가르쳐주지 않았죠. 그렇다고 쉽게 포기할 제가 아니죠. 석고나 조각상을 만들 때 몰드를 만든다는 생각을 했어요. 그래서 홍익대학교 조소과 다니는 학생을 계속해서 따라다니며 부탁을 했어요. 정말 도시락 싸들고 다니면서 부탁을 했죠. 많은 시행착오를 겪었지만 지금은 저만의, 시크릿가든만의 몰드 제작방법을 알게 되었어요. 하지만 전 이걸 혼자서 간직하진 않는답니다. 비누 제작방법과 함께 몰드 제작도 전파시키고 싶어요. 누구나 자신만의 멋진 비누를 만들 수 있도록 말이죠.

작업실을 편안한 카페 공간의 갤러리처럼
누구든 니나의 시크릿 가든에 들어왔을 때 편안한 분위기가 나도록 작업실을 최대한 아늑한 카페 스타일로 꾸미고, 벽면을 활용해서 다양한 작품을 전시했어요. 다른 소품을 활용하기보다는 제 비누 작품들이 그림이 되고, 소품이 되어 전시되도록 말이죠.

나만의 작업실 인테리어 팁 & 수납 노하우
tip + know-how

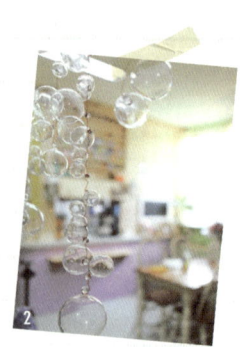

그녀의 TIP
천연 소재를 이용해 작업하는 공방이다 보니 인테리어 역시 나무와 흙을 이용해서 프로방스 느낌이 나도록, 인위적이지 않고 따뜻한 느낌으로 인테리어를 했어요.

1 그녀가 직접 만든 레이스 커튼, 패브릭을 활용해 집처럼 아늑한 느낌으로 연출했다.
2 창문 위에 가득 달아 비누방울 효과를 낸 유리 방울은 인테리어 효과 만점 소품
3 딱딱한 일자 형태의 진열장에 단순 배열이 아닌, 예쁜 가구를 이용해 비누가 하나의 작품이 되도록 전시
4-5 다이소에서 구입한 저렴한 나무 박스를 활용해 다양한 재료를 분리 수납
6-7 나무 선반과 액자를 활용해 내추럴한 느낌으로 장식
8 어닝도 선반도 그녀의 남편이 직접 제작해준 멋진 외조 솜씨

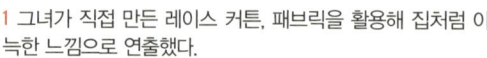

천미연 | 니나(37세)

핸드메이드 비누 강사
프리랜서 문화센터 수제 비누 강사
(사)한국수공예협회 비누 & 화장품 전문 강사
홈페이지 http://dunkin146.blog.me
시크릿가든 한국수공예협회 파주분원
수강, 제작문의 010-3000-3460
2008, 2009 네이버 가구,인테리어 부분 파워블로그
MBC, KBS, SBS 방송 리폼의 여왕
(가구 리폼, 소품 리폼, 의상 리폼으로 출연)
리빙센스, 여성동아, 여성조선, 까사 등 다양한 잡지 촬영(인테리어 분야)

작업실 가구 및 소품 구입처

다이소 http://www.daisomall.co.kr
각종 생활소품, 수납용품, 장식용품… 없는 게 없는 다이소죠.
가까운 지역 매장에서 직접 구매할 수 있고, 인터넷 쇼핑몰에서도 구매 가능합니다.

예송공방 경기도 고양시 | 내유동(010-7216-0191)
시크릿가든 공방의 인테리어, 가구 제작, 목공 제작 작업을 함께해주셨어요.

핸드메이드 비누 만들기에 필요한 재료 구입처

오일공구 http://www.go5109.com
천연 비누 재료, 천연 화장품 재료, 비누, 에션셜 오일. 용기, 등등
비누 제작에 관한 모든 것이 있어요.

atelier + workroom / 02

STORY 12 내 삶의 의미를 주는 공간

Stylish Living with Julie

가구, 패브릭 리폼 작가 **쥴리**(Julie Huh)

멋스러운 라인을 가진 앤틱 의자에 커다란 화이트 파인 그릇장, 그릇장 한 가득 예쁜 찻잔과 테이블 웨어들…. 깔끔하면서도 고풍스러운 멋이 있는 그녀의 프렌치스타일 소품과 가구의 면면은 외국의 예쁜 인테리어 잡지를 펼쳐보는 듯하다. 꽤 비싸 보이는 가구들을 보며 부러움과 시기심이 밀려올 때쯤 이런 멋진 가구가 중고 앤틱숍에서 구매해 그녀가 직접 리폼한 작품이라는 사실을 알게 되는 순간 부러움은 그녀가 누구인지 알고 싶은 마음으로 바뀐다.

직접 디자인한 가구와 패브릭도 만들고 싶고, 워낙 코디하며 노는 걸 좋아해서 전문적인 스타일링 일도 해보고 싶어요. 앤틱에 대해 더 공부해서 기회가 되면 프로페셔널한 앤틱 딜러도 해보고 싶고, 프랑스에 고성을 구입해 제 스타일대로 리모델링도 해보고 싶어요. 하고 싶

은 일이 너무 많아서 고민이에요. 비록 꿈으로 그칠 수도 있지만 이런 꿈은 앞으로 살아갈 날들의 제 삶에 의미를 부여해주죠.

"호주에 온 지 20년이 되었어요. 오랜 외국 생활에 한국에서의 일들이 궁금할 때가 많아요. 그러다 블로그를 접하게 되었는데 재미있게 살아가는 한국 주부들의 이야기를 보고 있으니 참 부럽더라구요. 그러면서 저도 제가 거주하는 곳의 문화나 생활들을 알리고 제가 좋아하는 일들도 기록하는 의미로 블로그를 시작하게 되었어요."

호주 멜버른에 살고 있는 그녀가 한국의 블로그를 열고 이웃과 소통한 지 벌써 2년이 되었다. 그동안 그녀에게는 많은 친구가 생겼고 한국뿐 아니라 미국과 영국, 프랑스까지 생각하지도 못했던 해외 이웃들과 친구가 될 수 있었다. 이제 블로그는 그녀에게 소통을 위한 일상이 되었다고.

그녀는 블로그를 통해서 현지 생활과 더불어 틈틈이 모아온 앤틱 소품, 그녀가 직접 리폼해 꾸민 프렌치스타일의 예쁜 가구들을 보여준다. 한국에 있는 블로거들에겐 그 모든 것들이 재미난 구경거리가 아닐 수 없다.

나만의 가구로 업사이클(upcycle)하다

"리폼을 시작한 건 미국에 살 때부터였어요. 미국은 상대적으로 창고 세일(garage sale)이나 중고숍(secondhand)을 통해 오래된 가구나 중고 가구를 사고파는 리사이클 문화가 많이 발달되어, 쓸 만한 가구들도 아주 저렴한 가격에 구입할 수 있어요. 그걸 조금만 다듬고, 자기가 원하는 색으로 바꿔주면 아주 멋진 가구로 재탄생되죠."

미국에서 신혼생활을 시작한 그녀가 호주로 다시 이사를 가게 되었을 때 가구를 많이 가져가지 못했다. 그런데 호주에서의 새 가구 가격은 미국의 2배가 넘었고, 맘에 드는 예쁜 디자인도 없었다. 그러다 중고 앤틱숍을 찾은 그녀 눈에 디자인이 아주 멋스러운 고가구가 눈에 띄었는데 역시 낡은 색이 문제였다. 그녀는 그 가구를 집으로 들여와 깨끗하게 닦아낸 후 사포질과 페인팅을 거듭해 깔끔한 화이트의 멋스러운 가구로 재탄생시켰다.

"낡은 가구를 더 멋지게 리폼하는 일을 업사이클(upcycle) 이라고 해요. 가구는 오히려 옛날 사람들이 쓰던 것들이 더 멋있더라구요. 그런 멋진 디자인의 가구들을 보면 제 스타일로 업사이클해서 쓰고 싶은 생각이 간절하죠."

1 낡은 의자를 새롭게 페인팅하고 프린팅 리넨 원단으로 천갈이해서 만든 그녀 스타일의 프렌치 체어
2 리넨 원단에 좋아하는 문구와 단어를 직접 디자인하고 프린팅해 사용하고 있다.

낡은 창고가 멋스러운 빈티지 스튜디오가 되다

그녀의 솜씨를 보고 가까운 이웃들이 가르쳐달라는 요청을 하고, 블로그를 통해 멀리 시드니에서까지 배우고 싶다며 그녀를 만나러 왔다. 덕분에 집은 점점 어질러지기 시작했고, 유난히 의자를 좋아하는 그녀가 그동안 모아두었던 의자와 가구들도 하나씩 늘어나면서 차고의 반을 차지하게 되었다. 결국 지난 봄 집 가까운 곳에 창고를 하나 임대해 작업실로 쓰기로 하였다.

"창고 겸 작업실로 삼을 곳을 알아보다가 넓은 공간에 비해 임대비도 크게 비싸지 않은 지금의 장소를 발견하게 되었어요. 넓은 공간을 잘 활용한다면 창고도 되고 작업실도 되면서 여러 가지를 시도해볼 수 있는 다용도 스튜디오가 될 수 있을 것 같더라구요." 창고를 하나 얻어야겠다 생각했을 때만 해도 집안의 짐을 좀 더는 정도로 생각했던 그녀는 이 자리를 보는 순간 뭔가 제대로 해볼 수 있을 것 같은 욕심이 생겼다.

1 어지러이 놓여 있는 듯해도 그녀의 작업실에선 모든 게 자연스럽다.
2 앤틱 딜러가 되고 싶어 틈만 나면 모아온 앤틱 소품들이 그녀의 공간을 더욱 풍성하게 해준다.

이곳이라면 좋아하는 의자 천갈이, 가구 리폼, 소잉 클래스도 가족들에게 피해주지 않고 마음껏 할 수 있을 것 같았다. 그리고 언젠가 앤틱 딜러도 해보고 싶은 마음에 자꾸만 모으게 되는 소품들도 제대로 전시할 수 있을 것 같았다. 외벽 마감이 되어 있지 않은 창고를 급한 마음에 임대한 뒤 꾸미지도 않고 가구와 소품들부터 옮겨놓았다. 넘치는 물건부터 옮기고 틈날 때마다 조금씩 꾸며나가려 했는데, 그녀의 앤틱한 가구와 소품으로 인해 별도로 꾸미지 않아도 스튜디오 분위기가 났다. 평소엔 깔끔하고 세련된 프렌치 스타일을 좋아하는 그녀지만 작업실은 언뜻 보면 중고 앤틱숍 같은 나름대로 멋스러운 빈티지 스타일의 스튜디오가 될것이다. 이제 이곳에서 그녀는 그동안 혼자만의 취미로 하던 일들을 배우고자 하는 이웃들과 함께할 예정이다. 일 주일에 한 번 소잉 클래스도 진행하고, 의자 천갈이와 가구 리폼 수업도 할 예정이다.

3 묵직한 무게감과 고급스러운 디자인을 가진 앤틱 파인 장식장들
4 원단 욕심이 많아 모아둔 원단들이 작업실 한켠을 차지하고 있다. 이 원단들은 앞으로 바느질 강좌에서 다양하게 활용할 예정이다.

업사이클을 통해 자신만의 스타일 가구를 만들어보세요.
한국에도 리폼 열풍이 대단하더라구요. 솜씨 좋은 분들도 많구요. 하지만 대부분 자기가 사용하던 가구를 리폼해 쓰는 경우가 대부분이더라구요. 정서적으로 다른 사람이 쓰던 가구를 쓰는 일엔 인색한 것 같아요. 하지만 빈티지(1920~1970년대) 가구나 앤틱(100년 이상 된 고가구) 가구들이 디자인은 더 멋있어요. 소재도 대부분 원목으로 좋구요. 그런 가구들을 선입견 없이 업사이클해서 세상 하나뿐인 가구를 만들어 쓰는 것도 멋진 일이죠.
또 세비식이다, 빈티지다, 프렌치다 하고 스타일을 분류하는데요. 리폼은 어떤 스타일을 따라한다든지 누굴 따라하기보다는 가구 본래의 용도에 맞게 현재 집안 인테리어의 색상과 어울리게 하는 것이 가장 중요하다고 생각해요. 그렇게 하다 보면 어느 순간 자신만의 스타일을 찾게 되죠.

좋아하는 일이 있다면 오랜 시간을 두고 자신에게 투자해보세요.
제 작업실은 별도의 인테리어를 하지 않았어요. 외벽이나 바닥 공사도 하지 않은 창고 모습 그대로인데, 거기에 그동안 수집해온 앤틱 가구와 빈티지 소품, 그리고 제가 업사이클한 것들을 자연스럽게 놓는 걸로 활용했답니다. 어지럽게 놓인 듯 해도 모두 제가 좋아하는 것들이다 보니 저에겐 최고의 장식이 되더라구요. 리폼한 의자나 가구와 함께 그동안 수집해둔 것들을 놀이 삼아 코디해보는 것도 작업실에서 누리는 저만의 즐거움이구요. 하지만 이런 가구와 소품을 모으기까지는 10년이 넘었답니다. 언젠가는 해보고 싶은 앤틱 딜러의 꿈을 꾸면서 조금씩 모은 것이랍니다. 자신이 하고 싶은 일이 있다면 지금 당장 이루려고 조바심 내는 것보다 시간을 가지고 조금씩 부담 없이 준비하다 보면, 어느 순간 내가 가장 좋아하는 일을 시작할 수 있는 밑바탕이 되지 않을까 싶어요.

Julie Huh | 쥴리(47세)

가구, 패브릭 리폼 작가
프리랜서 통역가, 비즈니스 컨설턴트
홈페이지 http://blog.naver.com/mylittleshop
이메일 loireinteriors@gmail.com
Loire Studio 프렌치 의자 천갈이, 가구 리폼, 바느질 수업
3 Silver Grove, Nunawading, Melbourne Vic 3131, Australia
운영시간 월~목요일 오전 10시~ 오후 4시까지
다른 시간에는 사전에 예약하시면 가능(appointment only)

쥴리 님은 현재 호주 멜버른에 거주하고 있습니다. 블로그를 통해서 예전에는 생각하지 못했던 소통의 즐거움을 경험하고 있는데, 그런 그녀로 인해 호주에 거주하는 한국의 주부들을 많이 알게 되었고 그녀들 또한 쥴리 님으로 인해 생활의 활력을 얻고 있다 합니다. 쥴리 님과 같이 외국에 거주하는 주부들에게도 그녀의 파트가 위안이 되고 힘이 되었으면 하는 마음으로 취재하게 되었습니다. 이 글은 이메일로 주고 받고, 사진을 제공 받아 진행되었습니다.
멀리서 인터뷰에 협조해주신 쥴리 님과 사진 촬영에 도움을 주신 김보라 님께 감사드립니다.

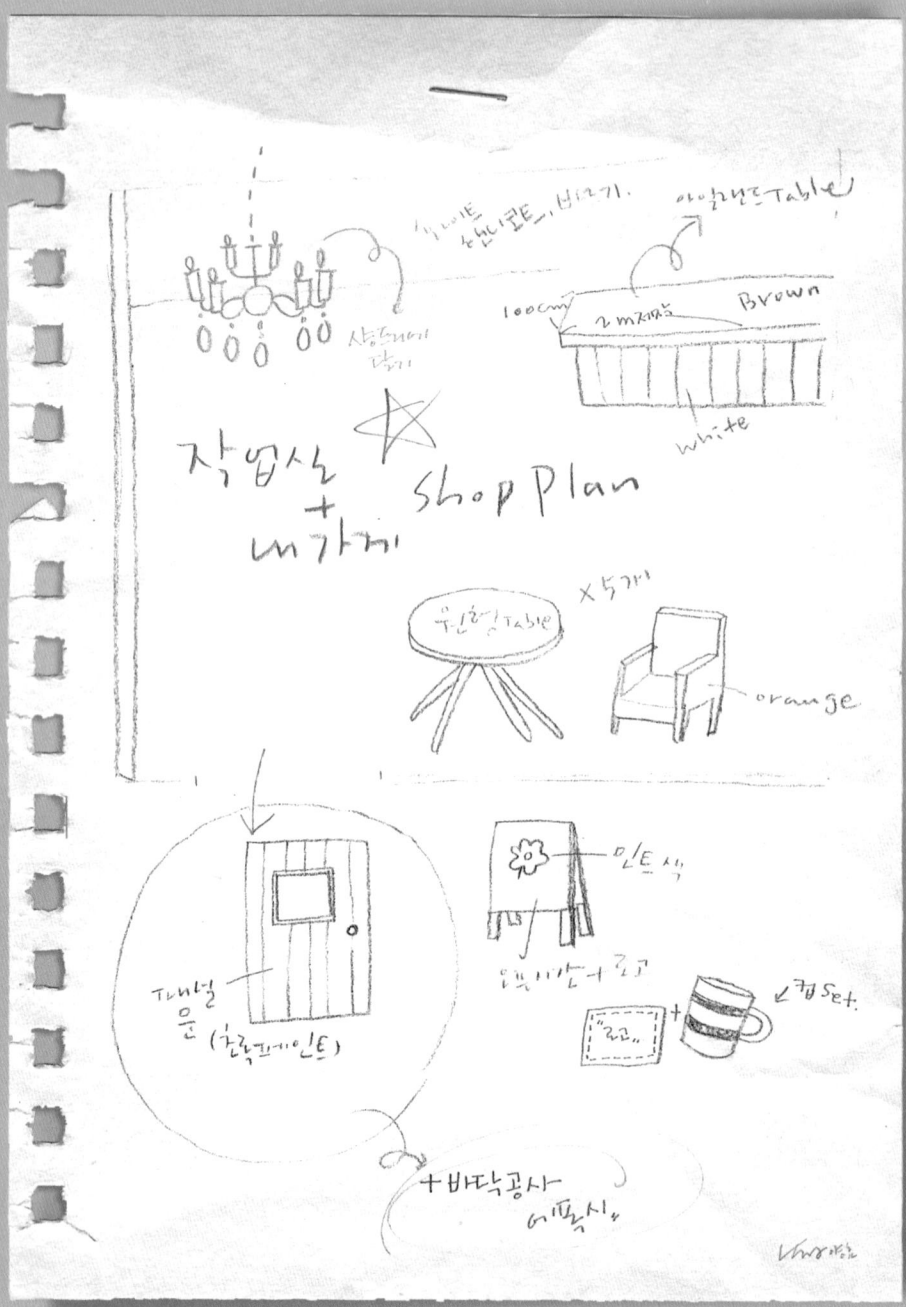

shop + workroom

오래 전부터 나만의 가게를 꿈꿔왔다.

shop + workroom / 03

STORY 13 쁘띠가또는 표예린이다.

세상 제일 작은 케이크로 달콤함을 전하다

파티시에, 파티 스타일리스트 **표예린**

진한 초콜릿 향기 더블 초콜릿, 쿨하게 달콤한 민트 초코칩, 악마의 유혹 카페모카, 영국신사 얼그레이, 바닐라빈 콕콕 클래식바닐라, 블루베리 듬뿍 크레이지 퍼플.
이름만큼 재미있는 예쁜 토핑들이 눈을 즐겁게 해주고, 달콤하고 부드러운 크림이 혀끝에서 살살 녹는 컵케이크! '컵케이크'라는 말만 내뱉어도 입안에서 달콤한 침이 사르르 고이고 만다.

그녀의 첫 가게 쁘띠가또를 내다

새로 개통된 판교역에서 상대적으로 가까운 백현동 신백현중학교 뒤로 신축 빌라들이 계속해서 들어서면서 보정동의 거리처럼 새로운 카페 거리가 형성되고 있다. 이미 유명해진 도심의 카페 거리에 비해 상대적으로 조용한 모습이지만 번잡한 도심을 벗어나 새로운 것을 시도해보고픈 감각 있는 숍

들이 하나둘씩 들어서면서 이색 카페 거리가 형성되고 있는 것이다. 그리고 이곳 골목 어귀에 컵케이크를 만드는 표예린의 작업실이자 카페 '쁘띠가또'가 있다. 한동안 오피스텔에서 작업실을 운영하던 그녀가 첫 가게를 내고자 할 때 조금 한적한 곳이면 좋겠다 생각을 했다. 사람을 상대로 하는 가게를 열려면 으레 사람이 많고, 번잡한 곳을 찾아나서야 마땅한데 요즘은 오히려 사람들을 찾아오게 하는 게 대세인가보다. 특색 있고, 좋은 곳이라면 아무리 외진 곳에 있어도 소문이 나는 법이니 말이다.

"이 자리에 둥지를 튼 게 2년 전인데 그땐 이곳에 쁘띠가또밖에 없었어요. 쁘띠가또가 들어오고 한참 지나서야 하나둘씩 카페들이 생기기 시작했죠."

지금은 이렇게 새로운 트렌드의 카페 거리가 형성되었지만 그때만 해도 이곳이 카페거리가 될 것이라고는 그녀도 상상하지 못했다고.

평소 요리에 관심이 많던 그녀는 첫아이가 생기고 아이들의 안전한 먹을거리에 대한 관심이 커졌다. 그리고 간식 역시 직접 만들어 먹여야겠다는 생각으로 쿠키와 빵을 만들면서부터 홈베이킹을 시작하게 되었다. 그때까지 직장을 다니던 그녀는 일과 육아만으로도 바빴지만 베이킹에 대한 관심이 점점 커지면서 틈틈이 전문 베이킹 클래스를 통해 자격증도 따게 되었고, 케이크 데코레이션과 슈거크래프트까지 배우게 되었다. 그리고 둘째 아이 돌상을 그동안 배운 케이크와 베이킹 종류의 다과에 예쁜 장식을 더해서 파티 분위기로 직접 꾸며주었는데, 그것이 지금의 파티 스타일리스트로 일을 하게 된 계기가 되었다. 내 아이를 위해 시작했던 홈베이킹과 돌상 꾸미기로 인해 자신의 일을 찾게 된 뒤 별다른 홍보를 하지 않고도 엄마들 사이에 입 소문을 타고 그녀만의 느낌을 좋아하는 고객들이 생기기 시작했고, 지금은 유명 인사들의 파티 케이터링까지 맡을 정도로 전문가가 되었다.

1 핑크빛 달콤한 스트로베리, 클래식 바닐라 컵케이크
2 진한 초콜릿 향기 더블 초콜릿, 나를 끌어올리는 티라미스, 블루베리 듬뿍 크레이지퍼플, 뭐가 들었을까? 비밀 노랑이 컵케이크
3 슈거 크래프트를 이용해서 메시지 카드를 케익 위에 장식한 슈거 축하 케이크
4 아이의 이름을 커다란 슈가 쿠키로 만들어 케익 위에 장식한 축하 케이크
5 MC 이휘재의 웨딩 촬영 때 맞춤 제작한 3단 축하 케이크
6 키즈 파티나 선물용으로 인기 좋은 꽃장식 컵케이크
7 각종 모임, 파티에 사용되는 다양한 케이터링 메뉴
8-9 파티의 성격에 맞게, 고객의 스타일에 맞게 맞춤 제작, 코디하는 파티 테이블 데코

그녀가 웃으면 쁘띠가또가 환하고
그녀가 피곤하면 쁘띠가또 역시 지쳐 보인다.

작은 케이크로 세상에 달콤함을 전하고 싶다

표예린…그녀는 자신의 일을 참 좋아한다. 자신이 만든 케이크와 음식들로, 자신이 예쁘게 꾸미고 준비한 것들로 누군가의 특별한 날을 멋진 자리로 만들어줄 수 있다는 게 스스로에게 아주 자랑스럽고, 뿌듯하다고.
쁘띠가또는 '작은 케이크'라는 프랑스어다.
"제가 가장 좋아하는 작은 컵케이크 하나로 세상에 다양한 달콤함을 전하고 싶어 가게를 내면서 이름을 짓게 되었는데 컵케이크와 무척 잘 어울리는 이름이죠?" 그녀는 컵케이크를 좋아한다. 직접 구운 쿠키와 케이크로 키즈 파티를 비롯해 각종 모임의 케이터링과 파티 스타일링을 해주고 있는 그녀에게 알록달록한 색상의 프로스팅 크림과 다양한 토핑 재료로 얼마든지 새롭고 예쁘게 만들 수 있는 컵케이크는 파티를 빛내주는 아주 중요한 주인공이라고!

쁘띠가또는 표예린이다

그녀는 요즘 참 바쁘다. 그녀가 작업실 겸용 카페를 냈을 때 매일 아침 따뜻한 오븐에서 좋아하는 컵케이크를 구워내며, 따뜻한 차 한잔과 함께 달콤하고 여유로운 하루를 시작하는 걸 꿈꿨지만…백현동 구석의 그녀, 표예린을 찾는 사람이 너무 많다. 파티 스타일링에서부터 최근엔 카페 메뉴 컨설팅까지 하다 보니 몸이 열 개라도 모자라지만 그녀는 사람들이 자신을 찾아주는 게 좋다. 요리를 좋아하던 그녀는 이제 케이크와 쿠키를 굽고, 특별한 파티 장소가 되도록 꾸며준다. 그렇게 자신한테 자신이 좋아하는 일을 맡겨주는 것이 좋고, 다른 사람들을 위해 행복하게 해줄 수 있는 일이 표예린 자신이 좋아하는 일이어서 말이다.

달콤하고 고소한 컵케이크가 구워져 나오기 전 아침을 맞는 쁘띠가또의 풍경.
매일 아침 그날의 컵케이크를 구워내며 하루를 시작한다.

항상 최선을 다하는 엄마의 모습을 보여주고 싶어요.
숍을 운영 중에 있어 전에 작업실을 운영할 때에 비해 저녁시간을 아이들과 많이 보내지 못하고 있어요. 그 부분이 제일 미안해요. 엄마의 빈자리를 대신해 아이들에게 든든한 울타리와 좋은 친구가 되어주는 남편에게 많이 감사하구요. 제 자신의 일에 최선을 다하면서도 엄마와 아내의 역할 역시 잘하고 싶어요. 항상 최선을 다해 열심히 사는 모습을 아이들에게 보여주면 아이들도 그런 엄마를 자랑스러워할 것 같아요.

손님의 한마디가 힘이 되고, 또 용기가 되죠.
컵케이크는 대부분 유기농 재료를 이용해 만들어요. 해마다 밀가루, 우유, 버터와 같은 원재료들의 가격이 오르고 있죠. 그런 비싼 재료를 사용해서 만들었는데 남아서 모두 버릴 땐 너무 안타깝고 좌절지만 가격에 맞춘 재료를 쓰고 싶은 마음은 없어요. 언젠가 손님이 올려주신 '쁘띠가또의 케이크는 항상 옳다. 너는 정말 케이크다.'라고 블로그에 올려주신 글이 있는데 누군지는 모르지만 힘들 때마다 힘이 되는, 다시 용기를 내게 되는 글이랍니다.

나만의 작업실
인테리어 팁 & 수납 노하우
tip + know-how

1 은색의 일반 가게 섀시에 파스텔톤 핑크색을 페인팅해서 프렌치 목문과 같은 느낌을 연출했다. 페인팅 하나로 큰 인테리어 효과를 보았다고.
2 10평의 그리 크지 않은 공간으로 자칫 답답해 보일 수도 있는 공간을 노출 콘크리트 천장으로 만들어 시각적으로 답답해 보이는 느낌을 줄였다.
3 좁고 긴 벽을 최대한 수납 공간으로 활용하는 천장까지 높이 올라가는 긴 수납 책장
4 긴 'ㅁ'자 형태의 단순한 선반이지만 이렇게 서너 개 지그재그로 달아주면 멋진 공간 장식이 연출된다.
5 동대문에서 원단을 사서 그녀가 직접 만든 쿠션들
6-7 8칸의 칸칸 수납장처럼 보이는 이 수납장은 사실 양쪽 문으로 열리는 아이디어 가구

그녀의 TIP

가게다 보니 전문 인테리어 업체에 의뢰를 했어요. 이때 의뢰하는 입장에선 하고 싶은 아이디어가 많을 텐데요. 가능한 담당하시는 실장님과 친밀한 관계를 유지하세요. 매일 가서 아이디어도 나누고, 재료도 같이 구입하고, 그러면서 간식과 식사도 수시로 사드렸죠. 사람을 잘 대해서 내 사람으로 만드는 것이 인테리어를 마음에 드는 결과물로 만들 수 있는 방법이기도 하거든요.

표예린 | 쁘띠가또(37세)

슈거크래프터, 파티시에, 파티 스타일리스트
케이터링, 파티 스타일링 전문
카페 메뉴 개발, 메뉴 컨설팅

표예린님의 작업실 & 숍 '쁘띠가또'는 출간을 앞둔 얼마 전 잠시 문을 닫았습니다. 표예린 님은 현재 하고 계시는 파티 스타일링과 케이터링을 장소까지 같이 제공할 수 있는 공간으로 만들기 위해 새로운 쁘띠가또를 준비 중입니다. 좀 더 멋진 복합 공간에서 다시 만나뵐 수 있길 바랍니다. 준비 기간 중에도 표예린 님이 진행하는 일은 모두 의뢰 가능합니다.
(연락처: 011-411-9540)

온더스테어스 Brasserie & Store ON THE STAIRS
(경기도 성남시 분당구 백현동 564-3 1F T. 031-701-8899)
커피와 티, 맥주와 와인, 피자와 파스타 등 다양한 요리와 파티까지 즐길 수 있는 멀티 플레이스
쁘띠가또와 같이 백현동에 위치한 온더스테어스는 카페 메뉴를 컨설팅해주며 인연이 되어 현재 표예린 님이 파티스타일링 장소로 활용하는 곳입니다.
돌잔치, 키즈 파티, 생일 파티, 다양한 소모임 가능

컵케이크 & 베이킹 작업에 필요한 재료 구입처

- **해피베이킹** http://www.happybaking.com
  제과제빵 재료, 도구, 유기농 재료, 포장 재료
  방산시장 안에 있는 창진상회에서 운영하는 인터넷 쇼핑몰이에요. 저는 주로 직접 나가서 구입하지만 인터넷에서도 구입이 가능하고 쇼핑몰에 없는 것도 문의하면 모두 구해주신답니다.
  소매로 구입해도 다른 곳보다 저렴합니다.

shop + workroom / 03

STORY 14 작은 문화 복합 공간!

매일 새로운 즐거움 데일리

퀼트, 리넨 소품 DIY 작가 **최은주**

나이 서른이 넘고, 마흔이 넘었는데 난 왜 이렇게 할 줄 아는 게 없지. 아이들은 점점 크는데 난 점점 늙어가는 느낌. 인터넷을 보면 어찌 그리 솜씨 좋은 여인들이 많은지 나만 그들과 소외되는 느낌…. 뭔가 하나라도 잘하는 게 있음 좋겠는데, 더 늦기 전에 뭔가 하나라도 배워보면 좋을 텐데…. 하지만 어디서부터 어떻게 시작해야 할지 모를 때, 도대체 뭘 배워야 할지 모를 때, 그럴 땐 망설임 없이 바로 이곳을 찾아가라!

여자들이 배울 수 있는 건 모두 한자리에!

퀼트, 리넨 소품, 액세서리, 컨추리 인형, 톨페인팅, 팬시우드, 종이공예, 거기에 수제 초콜릿, 쿠키, 베이킹까지…. 늘어놓자면 끝도 없다. 도무지 그녀가 못하는 게 뭐가 있을까? 손으로 만드는 거라면 뭐든 다 할 수 있고, 그녀의 손을 거치면 뭐든 다 만들어지는 듯하다.

재주가 많으면 특별히 잘하는 것이 없다 했다. 하지만 최은주는 다르다. 뭐든 다 잘한다. 너무 많은 재주에 사람들이 자주 헷갈려 한다. 그녀의 공방에 가서 무얼 배워야 할지, 그녀에게서 어떤 걸 배우면 좋을지…. 하지만 그녀는 고민하지 말라고 말한다. 뭐든 편하게 시작해보라고. 처음 바늘을 잡고 소품 만들기를 시도해봐도 좋고, 낡은 청바지를 들고 와 그녀와 함께 가방이나 에이프런을 만들어도 좋고, 아이와 함께 쿠키를 만드는 베이킹 수업을 해보는 것도 좋겠다. 동네 마실 나온 듯 가볍게 들러 그녀가 내려주는 따뜻한 커피 한잔을 마시며, 이런저런 사는 얘기, 이런저런 배우고 싶은 얘기를 나누다 보면 뭔가 하나라도 배우고 싶은 욕구가 자연스레 일어나고 만다.

손으로 만드는 것이라면 뭐든 배우고 싶은 그녀!

그녀는 결혼과 동시에 어린이집을 7년 동안 운영했었다. 보기만 해도 쓰러질 듯 여린 그녀가 여간해서는 힘들다는 어린이집 운영을 긴 시간 해왔던 것이다. 그녀는 어린이집을 하면서 아이들에게 좀 더 창의적인 콘텐츠를 가르치고 싶어 종이공예를 배워 다양한 수업으로 아이들의 흥미를 끌었고, 안전한 먹을거리를 주고 싶은 마음에 제과제빵을 배워 직접 쿠키와 빵을 구워주어 엄마들의 호평을 이끌어냈다. 그녀는 뭐든 이런 식이었다. 먼저 아이들을 위하는 마음이 있었고, 그것에 자신도 관심이 많았다. 그리고 관심이 생겼다 싶으면 바로 배워야 했다. 첫아이를 가지고는 태교로 퀼트를 시작했고, 아이들이 크면서는 직접 옷을 만들기 위해 옷 만들기에 빠졌다. 어릴 적부터 건축 일을 하는 아버지를 곁에서 보고 자라서인지 남편과 함께 가구 만들기도 배워 집에 필요한 것들을 만들어 썼다. 정말 손으로 하는 것이라면 못하는 것이 없는 그녀다.

1 이곳엔 정말 못 배울 것이 없어 보인다.
2 책장을 사이에 두고 안쪽엔 수업을 받을 수 있도록 넓은 테이블을 마련했다.
3 자투리 나무에 칠판 페인트를 칠하고 이름을 적었다. 작지만 센스 있는 소품

어린이집 운영을 그만두고 잠시 쉴 때 여동생과 함께 떠난 일본 여행 길에서 예쁜 카페를 보았어요. 아주 작은 평수의 카페였는데 그곳에서 일본의 주부들이 도란도란 둘러앉아 바느질 수업을 하고 있었는데 그 모습이 아주 인상적이었어요.

그녀는 어린이집을 운영하면서 몸이 많이 약해져 있었다. 그녀는 모든 걸 내려놓고 잠시 쉬기로 결정했는데 그때 떠난 일본 여행 길에서 카페와 공방을 함께 운영하는 걸 보았다. 요즘이야 카페를 다용도 작업실로, 멀티숍으로 여러 가지 테마를 함께 운영하는 경우가 많지만 3~4년 전인 그때만 해도 국내에서는 쉽게 보기 어려운 카페였다. 또 손재주 많은 그녀였으니 공방 겸 카페를 운영하면 얼마나 가르칠 게 많겠는가 말이다. 그렇게 여행을 다녀온 후 앞뒤 가리지 않고 바로 집 근처에 가게를 구하고 시작하게 된 그녀의 첫 번째 숍이 바로 '데일리 내추럴' 이었다. 하지만 그 가게는 오래가지 못했다. 대규모 아파트 단지가 밀집된 상가 자리에 위치해 그녀의 감각 있는 솜씨를 보고 찾아오는 주부들은 많았으나, 아무리 많은 사람이 온대도 공방으로 유지하기엔 월 200만 원이나 되는 가게세를 유지하기란 쉽지 않았다. 꼼꼼히 계획하지도 않은 채 무턱대고 일부터 벌여 1년 만에 문을 닫은 아픈 실패였다.

창가에 1인 테이블과 의자를 놓아 공방과는 다른 카페 분위기를 연출. 혼자 오는 손님도 햇볕 좋은 창가에 앉아 편안하게 차를 마실 수 있다.

날마다 새로움이 있는, 날마다 배우는 즐거움이 있는 데일리

얼마 전 그녀는 요즘 뜨고 있는 백현동 카페거리 맞은편, 상대적으로 조금 조용한 곳에 두 번째 공방 & 카페 '데일리'를 열었다. 4년 전 오픈했던 '데일리 내추럴'의 시행착오에서 벗어나 작은 평수에 월세 또한 무리가지 않는 선으로 실속을 업그레이드한 Version.2 라고 할 수 있겠다. 그동안 첫 번째 숍을 정리하고는 집에서, 오피스텔 공방에서 홈클래스 위주로 수업을 하던 그녀는 다시금 카페가 하고 싶어졌다. 공방이 하고 싶어졌다. 하지만 이번엔 무턱대고 시작하지 않았다. 정말 많은 자리를 알아보러 다녔고, 철저하게 비교 분석했다. 수업 운영에 대한 커리큘럼도 구체적으로 짜고, 숍에서 만들어 팔 수 있는 것도 미리 준비했다. 인테리어도 역시 무리하지 않고, 그동

한 곳에 공방과 카페 분위기를 같이 내기 쉽지 않았을텐데 숍으로 들어가는 입구부터 공방&카페의 분위기가 동시에 느껴진다.

안 만들어 쓰던 가구들과 작품들을 활용해 마치 그녀의 집에 놀러 온 듯 편안한 느낌으로 큰돈 들이지 않고 꾸몄다. 시작부터 부리한 인데리어 역시 초기 가게 운영에 많은 부담이 된다는 걸 그녀는 알고 있었다.

하지만 변하지 않은 것 중 하나는 손님을 대하는 그녀의 방식이다. 그녀를 보고 찾아오는 사람들에게 가능하면 다양한 것들을 접하게 해주고 싶은 마음 말이다. 데일리를 찾는 분들에게 만큼은 교습 위주의 딱딱한 공방이 아닌 차도 마시고 이런저런 이야기도 나누고, 다양한 작품들을 눈으로 즐기고, 직접 배워도 보는 그런 공간이 되었으면 하는 마음엔 변함이 없다. 누구든 부담없이 들어와 휴대폰 고리라도 하나 만들어보고, 자신의 숍을 떠나는 고객들의 마음엔 손으로 만드는 즐거움과 보람을 느낄 수 있도록 말이다.

1 자투리 나무와 자투리 천을 활용해 만든 미니 장식 소품들
2 가죽원단과 청해지 원단 등을 활용해서 만든 숄더백들
3 매년 빼빼로데이를 맞아 원데이클래스를 하는 수제 빼빼로
4 달콤하고 부드러운데다가 다양한 모양의 수제 초콜릿
5 부드러운 초코 브라우니와 쿠키들
6 데일리 공방에서는 핸드 드립 커피도 주문 가능
7 컨추리 인형, 톨페인팅 수업도 가능한 데일리 공방
8 크래프트지로 만든 핸드메이드 카드 수첩과 미니 노트
9 직접 만든 액세서리와 다양한 팬시우드 액세서리도 판매
10 작아진 아이들 청바지나 낡은 청바지를 활용해서 빈티지 분위기 물씬 나게 만든 앞치마와 가방들
11 자투리 나무에 코르크 마개로 걸이를 붙여 만든 간단 선반과 자투리 천을 감아 리폼한 옷걸이

저 역시 평생 배우며 살아야 할 것 같아요.
손으로 만드는 게 좋아요. 손으로 만들어서 완성된 것을 보면 아주 뿌듯하죠. 덕분에 지금도 배우고 싶은 게 너무 많아요. 내가 알지 못하는 게 있으면 모두 배우고 싶죠. 지금은 저보다 다른 사람을 가르쳐야 하기 때문에 자제를 하지만 아마도 저 역시 평생 배우며 살아야 할 것 같아요.

아이들이 엄마를 공예가라고 말해주죠. 엄마 같은 사람이 될 거라고.
가끔은 저도 제가 뭘 하는 사람인지 모를 때가 있어요. 그럴 때면 아이들이 저보고 "엄마는 공예가야! 손으로 만드는 것이라면 뭐든 잘하는…. 나도 엄마처럼 멋진 사람이 될 거야"라고 해주는데 그 말 한마디가 그 무엇보다 힘이 된답니다. 엄마가 좋아하는 일을 아이들도 좋아하고 제가 하는 다양한 일들로 인해 첫째 딸은 벌써부터 공예가가 되겠다 하고, 둘째 딸은 베이킹이나 커피 바리스타가 되겠다고 말하죠. 초등학생 딸들이 벌써부터 자신만의 직업을 구체적으로 꿈꾸며 노력하는 걸 보면 엄마로서의 보람도 느끼게 된답니다.

하고 싶다고 해서 막연하게 시작하면 정말 큰일나죠.
누구든 카페를 하고 싶은 꿈이 있죠. 하지만 카페를 할 땐 기본적으로 커피에 대해 잘 알아야 하고, 공방을 할 거면 수업을 할 수 있는 기본 재량이 되어 있어야 하죠. 주변에 비슷한 곳, 이미 하고 있는 곳을 많이 탐방해 나만의 경쟁력을 갖추기 위한 분석도 철저히 해야 하구요. 처음부터 규모에 욕심내지 않는 것도 중요하죠. 겉으로 보이는 것보다 내실을 다지는 쪽으로 말이에요.

나만의 작업실 인테리어 팁 & 수납 노하우
tip + know-how

1 커피 베리에이션(Coffee Variation)을 유리창에 그려 카페 인테리어 효과로 활용
2 여동생이 직접 쓴 예쁜 손글씨
3 예쁜 잼 병들은 버리기 아깝다. 깨끗이 씻어 안쪽에 작은 부재료를 담아두면 수납도 되고, 인테리어도 된다.
4 두 딸 어렸을 때 쌍둥이 디자인으로 만들어줬던 책상들이, 지금은 카페의 수납 책상으로 사용되고 있다.
5 워낙 부재료들이 많다 보니 큼직한 수납장이 있었으면 해서 아이디어를 내고 남편이 직접 만들어준 15칸 수납장(손잡이에 칠판 페인트를 칠해 네임태그 효과를 준 것이 멋지다.)
6 카페와 공방 공간을 분리해 주는 책장 사이에 일러스트 원단을 붙인 장식 문을 만들어 달았다.
7 가구나 인테리어를 하면서 쓰고 남은 각재를 이용해 만든 장식 사다리

그녀의 TIP

카페지만 크지 않은 공간이어서 따로 인테리어 업체에 맡기지 않고 남편과 제가 직접 셀프 인테리어로 꾸몄어요. 그동안 만들어두었던 가구와 테이블을 활용하고, 장식 소품은 대부분 제가 만든 소품과 패브릭들을 이용해서 꾸몄답니다. 특히 패브릭은 공간을 아늑하게 바꿔주는 데 큰 역할을 하죠. 그리고 직접 만든 물건들에서 전해져 오는 편안함은 누군가의 작업실에 있는 듯한 느낌을 준답니다.

최은주 | 데일리(37세)

퀼트, 리넨 소품 DIY 작가
종이공예 강사
컨추리 인형, 톨페인팅, 팬시우드 강사
수제 초콜릿, 홈베이킹 강사
한국공예인협회 강사
한국꽃종이진흥회 강사

홈페이지 http://blog.naver.com/ju750303
데일리 경기도 성남시 분당구 백현동 604-9번지 1층(T. 010-9184-7932)
오픈시간 오전 9시 ~ 오후 7시
(토요일은 오후 9시, 매주 일, 월요일 휴무)
수강과목 퀼트, 리넨 소품, 액세서리, 컨추리 인형, 톨페인팅, 팬시우드, 수제 초콜릿, 쿠키, 베이킹, 종이공예

작업실 꾸미기에 좋은 소품 및 가구 구입처

공방에 필요한 가구들은 대부분 동네 목재소에서 재단한 뒤 남편이 직접 만들었어요. 간단한 도안과 재단 사이즈를 내어 가져가면 원하는 나무에 재단해주거든요.

- **손잡이 닷컴** http://www.sonjabee.com
  가구 손잡이, 경첩과 같은 철물 판매

- **네스홈** http://www.nesshome.com
  각종 국내 리넨, 코튼 원단, 참 장식, 단추, 부자재 판매

shop + workroom / 03

STORY 15 나에게 힘을 주는 꽃향기

꽃을 디자인하다. 벤자민 & 데이지

플로리스트 마이스터 **강민희**

바쁜 아침 출근길이지만 잠시 짬을 내어 따뜻한 베이글과 금방 내린 커피 한잔을 테이크아웃하고 꽃 한 다발을 산다. 매일 맡는 신선한 꽃향기를 그냥 지나칠 수가 없다. 그렇게 한 손엔 테이크아웃한 커피를 들고 한 손엔 꽃 한 다발을 사서 다시 거리에 나선다.
영화 속 얘기이거나 유럽의 어느 거리를 묘사한 얘기로만 들리겠지만, 남양주 호평동 거리에 그런 곳이 있다. 바로 플로리스트 강민희가 작업실 겸 카페로 운영하는 '벤자민 & 데이지'가 그곳이다.

매일 커피를 마시듯 매일 신선한 꽃도 쉽게 살 수 있었음 했어요. 특별한 날이 아니라 일상에서 나를 위한 꽃 한 송이 편하게 살 수 있는 여유 말예요.

꽃과 카페. 그 두 가지가 낯설지 않도록 누구든 오래된 것에 익숙함을 느끼는 빈티지 인테리어로 컨셉을 잡고 손님들에게 친근하게 다가갈 수 있도록 공간을 마련하였다.
카페 곳곳에 놓인 낡은 원목 테이블, 오래된 재봉틀, 전화기, 그녀가 오래 전부터 쓰던 화기들, 소품들은 꽃과 식물과 어울려 아주 분위기 있는 카페를 연출하고 있다.

'벤자민&데이지'를 오픈하기 전에 그녀는 출장 형태의 웨딩 플라워 데코, 행사 데코, 잡지 스타일리스트와 같은 일을 프리랜서로 활동했다. 그날 그날 행사장이나 작품에 필요한 꽃들을 바로 구입해 현장에서 직접 장식하는 일을 하다 보니 작업실을 따로 두지 않았다. 하지만 일이 많아지고 그녀를 찾는 사람이 많을수록 자신만의 색다른 작업실을 갖고 싶었다. 일반 사람들이 편하게 꽃을 접할 수 있는 공간으로 말이다. 평소 사람들은 특별한 날, 특별한 사람을 위해서가 아니면 꽃을 사지 않는다는 걸 알고 있었기 때문에 제아무리 예쁜 꽃가게를 차려두고 예쁜 꽃들을 가져다 놓아도 손님이 들지 않는다면 소용없기 때문이다. 그녀는 영국이나 유럽처럼 슈퍼에서 과일을 사듯 그날 그날의 꽃을 사는 자연스러운 모습을 평소 늘 부러워했고 언젠가 자신이 여는 숍에서만이라도 꼭 그랬으면 했다.

'꽃과 커피, 매일 신선한 커피를 마시듯 매일 신선한 꽃을 산다.' 그렇게 그녀의 숍 & 작업실 '벤자민 & 데이지'가 생긴 것이다.

한 공간에 있으면서도 두 개의 독립적인 공간인 것처럼

서까래를 올린 천장과 원목의 마룻바닥, 다양한 빈티지 데코레이션들, 그 사이사이 지인들이 선물해준 인형이며 소품, 멋스러운 토분과 화기들로 가득 찬 공간. 세로로 길게 생긴 카페는 앞뒤 두 개의 문으로 연결되어 있는데 학교와 아파트 단지 쪽 뒷문에서 들어오면 아담한 빈티지 카페가 되고 호평동의 큰 길 앞쪽에서 오면 '꽃'이라고 새겨진 간판이 먼저 반겨주듯 화사한 꽃집의 풍경이 연출된다. 길게 생긴 카페의 바닥 반쪽씩 높낮이를 달리하여 계단식 인테리어를 고안, 꽃집과 카페가 한 공간에 있으면서도 두 공간처럼 느껴지도록 독특한 효과를 낸 것이다.

그녀의 가게엔 다른 꽃집에 다 있는 꽃 냉장고가 없다. 냉장고 없이도 1주일 이상 꽃을 신선하게 관리하는 그녀는 꽃을 들여올 때도 더 신경 써서 신선한 꽃들로 들여온다. 그래서인지 벤자민에서 산 꽃들은 이튿날 시들어버리는 경우가 없다.

1 수경재배가 가능한 히야신스 꽃을 참숯과 같이 낮은 화기에 꽂아 연출했다. 습기와 냄새 조절까지 되는 일석이조 아이디어 꽃꽂이
2 자체 자태가 아름다운 호접란을 길게 늘어뜨리고, 그 사이에 CD를 꽂아 모던하게 연출한 꽃 장식
3 사각으로 길게 생긴 유리병에 다양한 꽃을 꽂아 내추럴하게 연출한 유리병 장식
4 나뭇가지는 꽃과 함께 연출하기에 좋은 소재. 계피 가지를 통으로 잘라 열매 가지와 함께 연출한 가을 데코레이션
5 한 개의 토분에 여러 종류의 허브를 모아 심고 크고 작은 토분들을 함께 장식한 미니 정원 데코레이션
6 철물점에서 쉽게 구입 가능한 작업용 수레를 이용해 카페의 미니 가든으로 활용. 이국적인 분위기를 연출했다.

(* 본 작품은 강민희씨가 food & style magazine 〈Cookand〉에 연재한 플라워데코입니다.)

커피보다 꽃

처음 꽃 카페를 같이하기로 했을 때 주변의 만류가 많았다. 꽃과 카페를 같이하다 보면 결국은 카페쪽으로 기울어질 것이라는 그 이유였다.
"저는 아니라고 했어요. 제 꽃에 대한 자신감이 있었거든요." 하지만 모두의 우려대로 사람들은 카페인지 꽃집인지 헷갈려 했고 한동안 커피 손님만 있고 꽃은 팔리지 않았다. 하지만 거기에 굴하지 않고 그녀는 매일 새로운 꽃을 가져다 다양한 화기에 꽂아놓았다. 벤자민 & 데이지에는 항상 신선한 꽃이 있음을 알리기 위해 포기하지 않았던 것이다.
"처음엔 팔리지 않고 남은 꽃들을 커피 마시러 온 단골손님들에게 그냥 나눠주었어요. 시들어 버리게 되면 안타깝잖아요." 진심은 결국 통한다고 했던가. 어느 순간부터 손님들이 그 마음을 알아주기 시작했고 벤자민 꽃이 아니면 꽃을 사지 않는다는 단골손님까지 많이 생겨서 2년이 지난 지금은 커피보다 꽃으로 더 많은 매출을 올리는, 엄연한 꽃집으로 자리를 잡았다.

그녀는 1주일에 두세 번 새벽 꽃시장을 다녀온다. 새벽부터 비가 많이 내리던 인터뷰 날에도 그녀는 새벽 꽃시장을 다녀온 길이라 했다. 카페를 운영하면서 새벽 꽃시장을 찾는 게 쉽지는 않을 텐데 그것만은 양보할 수 없다. 그녀의 꽃가게엔 여느 꽃집이면 으레있는 꽃 냉장고가 없기 때문이다. 그녀는 꽃을 냉장 보관하지 않는다. 냉장 보관한 꽃은 꽃집의 냉장고 안에서는 장기간 신선도를 유지할 수 있지만, 냉장고를 나오는 순간 온도 변화가 커서 생화의 생명력이 아무래도 짧아질 수 밖에 없다. 또한 카페 내 어디에서든 화사한 색의 꽃들을 직접 볼 수 있고, 꽃 향기를 맡을 수 있는 장점이 있기 때문에 조금 번거롭더라도, 꽃 냉장고를 쓰지 않는 이유다.

플로리스트답게 커다란 꽃 작업대를 가장 좋아한다는 그녀, 오늘 새벽에 데려온 다양한 꽃들이 그녀의 손길을 기다리고 있다. 그녀가 내려준 커피 한잔을 받아들고 꽃 손질하는 그녀의 빠른 손길을 보고 있자니 수줍게 미소 짓고, 하하호호 하던 그녀의 얼굴이 금세 프로페셔널한 플로리스트로 변해 있다.

나 자신의 삶을 찾기 위해 끊임없이 노력하다.

결혼 전 10년 경력의 잘 나가는 외국계 금융회사의 커리어우먼이 저였죠. 하지만 대부분의 여자들이 그렇듯 아이 둘을 나으면서 직장을 그만두게 되었고, 그렇게 육아에만 전념하다 보니 어느 순간 우울한 기분을 견딜 수 없을 것만 같았죠. 어떤 방식으로든 삶의 탈출구가 필요하다 싶어 그때부터 틈나는 대로, 닥치는 대로 배우기 시작했어요. 언젠가 아이들은 클 테고 그때에 난 아무것도 아닌 사람으로 남아 있기 싫었던 거죠. 그러다 하루는 약속이 있어 들른 대학로의 예쁜 꽃집을 발견하고 들어가서 꽃을 죽이지 않고 잘 키울 수 있는 방법이 없냐고 물었는데, 그게 지금의 제가 있게 된 계기죠. 그때 그 꽃집이 꽃 전문가 양성기관으로 유명한 '방식꽃예술원'과 연계된 꽃집이었어요. 꽃만 사면 죽이는 제가 그때 무슨 생각이 들었는지 갑자기 꽃을 배워보고 싶다는 생각이 들더라구요. 그렇게 우연한 계기로 인해 기초 꽃꽂이 과정을 1년 배우게 되었고, 다시 정식 플로리스트 과정을 공부하게 되었어요. 처음엔 크게 매력을 느끼지 못하겠더니 꽃에 대해 전문적으로 배울수록 더 알고 싶다는, 제대로 알고 싶다는 욕심이 생겨 결국엔 플로리스트 마이스터(독일 명장제도)자격증까지 취득하게 되었어요. 그 과정까지 6년 이상이 걸렸어요.

플로리스트, 꽃 가게. 여자들이 노후에도 할 수 있는 멋진 일

플로리스트는 여자들의 로망이죠. 나이에 상관없이 꽃과 식물을 좋아한다면 누구든 자격증 없이도 창업이 가능하답니다. 하지만 꽃에 대해 알지 못하면 스스로 한계에 부딪히게 되죠. 그런 이유에서 자격증을 준비하며 전문적으로 공부하면 자신한테도, 창업에도 많은 도움이 되겠죠. 저도 서른이 넘어 시작한 일인데 여자에겐 더 없이 좋은 직업이라고 생각해요.

꽃도 커피도 끊임없이 배우고 연구하라.

저와 같이 마이스터 과정까지 배우는 데는 시간도 많이 걸리고, 경제적인 부담도 만만치가 않죠. 그럴 때 저는 가까운 꽃집에서 시간당 아르바이트를 했어요. 늦은 나이였지만 직접 꽃집에서 일하며, 실무도 배우고 경제적인 부분도 도움을 얻었죠. 무슨 일이든 경험 없이 바로 창업하는 것은 위험하다고 생각하거든요. 그리고, 카페를 겸할 땐 본인이 정말 커피도 좋아하고, 커피에 대한 공부도 많이 해야해요. 꽃도 커피도 전문적으로 알지 못하면 경쟁력에서 뒤질 수밖에 없다고 생각해요.

나만의 작업실 인테리어 팁 & 수납 노하우 tip + know-how

그녀의 TIP

원래 좋아하는 스타일은 모던한 스타일인데 일반인들에게 좀 더 자연스럽게 다가가기 위해서 카페 인테리어에 잘 어울리는 내추럴 & 빈티지 스타일을 선택했어요. 또한 꽃이 공간 속에서 잘 어울리게 하고 싶어서 카페와 꽃 공간을 분리하지 않고 카페의 중간에 꽃 작업대를 만들었어요. 또 공간의 부분부분에 화기들을 나누어 꽃을 장식했더니 카페를 이용하는 손님들도 테이블에 앉아 꽃을 접할 수 있어 좋아하신답니다.

1 천장에 붙인 서까래는 다양한 스타일의 조명과 어울려 카페 분위기를 한껏 돋아준다.
2 꽃 냉장고 대신 다양한 화기들에 담아둔 꽃들은 카페의 중간에 위치해 장식효과까지 주고 있다.
3 알록달록한 꽃집 간판이 아닌 칠판 액자에 '꽃'이라 쓴 간판이 주인장의 센스를 대변한다.
4 커다란 테이블 아래, 이중으로 넣었다 뺐다 할 수 있는 또 다른 테이블 하나
와인 박스를 서랍으로 활용해 맞춤 제작한 수납 겸용 작업 테이블
5 와인 서랍장 안에 나란히 담아 수납한 리본과 다양한 포장 끈들
6 수국 꽃송이를 잘라 도자기 그릇에 담아두기만 해도 멋진 연출이 된다.
7-8 가게 앞 대로 쪽에서는 꽃집 분위기가, 가게 뒤 주택 쪽에서는 카페 분위기가 나는 2개의 입구
9 색깔을 달리한 나무 프레임을 이중으로 끼워 넣어 만든 장식 박스

강민희 | 벤자민 & 데이지 (45세)

독일 플로리스트 마이스터
서울현대전문학교 플라워디자인과 강사 (2011)
홈페이지 http://blog.naver.com/papaver42
벤자민 & 데이지 (Benjamin & Daisy)
경기도 남양주시 호평동 716-11 (T. 031-511-8849)
오픈시간 오전 10:30 ~ 오후 8:30
매주 일요일, 월요일은 휴무

2007 인도네시아발리 작품전시
2008 인천국제디자인페어 공간장식 전시
2010 독일주방명품 휘슬러〈환타지아〉광고 스타일링
2009.12~2011.8 food&style magazine〈Cookand〉플라워데코
2012 월간〈The Flower〉잡지 플라워데코
그외 호텔 및 백화점 공간장식 다수

작업실 꾸미기에 좋은 소품 및 가구 구입처

- **강남 고속버스 터미널 꽃상가**
  다양한 종류의 수입 꽃과 각종 인테리어 소품을 구매할 수 있어요.
  밤 12시 ~ 낮 1시까지, 조화시장은 낮 4시까지 (일요일은 휴무)

- **과천 남서울화훼단지**
  식물은 이곳에서 대부분 구입해요.
  다양한 초화와 다육, 관엽식물을 판매하는 도매 상가
  다양한 토분과 화기도 이곳에서 구입하고 있어요. (일요일은 휴무)

- **아리플리마켓** http://www.arifleamarket.com
  벤자민 & 데이지 인테리어를 맡은 아리플리마켓이에요.
  빈티지 스타일의 매장 인테리어로 유명한 곳이죠.
  인테리어 의뢰와 다양한 빈티지 소품 구입도 가능하답니다.

shop + workroom / 03

STORY 16 공사 현장은 살아 있는 작업실

It's 겨미 스타일

인테리어 디자이너 **박미진**

나에게 인테리어 공사 현장은 언제나 전쟁터예요. 늘 정신없이 분주하게 돌아가는 곳이죠. 하지만 그 현장은 언제나 제게 에너지를 주죠. 현장만 가면 늘 흥분되고, 설레고, 저의 모든 것을 쏟아 붓는 그곳이 바로 제가 있어야 할 살아 있는 작업실인 거죠.

박미진의 처음 시작은 그랬다. 평소 예쁘게 꾸며놓고 살아가던 그녀를 보고 도배, 장판과 욕실만 간단히 바꾸는 공사 의뢰가 지인으로부터 들어왔다. 인테리어를 하겠다고 부탁했던 일도 아니고, 그쪽으로 시작한 때도 아니었다. 하지만 언젠가 도전해보고 싶었던 인테리어였기에 이런저런 자료를 찾아 헤매고 분주히 뛰어다녀 결국 해내고 말았다. 그리고, 한 달 뒤에 29평 아파트 전체 리모델링 공사 의뢰가 들어왔다. "그땐 저에게 너무 큰 공사여서 오히려 의뢰하신 분을 계속 설득했었어요. 이런 공사는 해 본 적도 없는

완전 초보라고요." 하지만 그분은 그녀를 믿고 맡겼고 공사 시작 20여일 만에 어렵게 완성되었다. "지금의 저를 있게 해주신 분이죠. 오랜 시간이 지났지만 지금도 그때의 일로 소중한 인연을 맺고 있답니다."
첫 공사 이후 어찌된 일인지 계속해서 공사 의뢰가 들어왔다. 한 공사가 끝나기도 전에 다른 공사가 이어지는 식으로…. 두 가지 일을 병행할 수 없게 되자 아쉽지만 그녀는 그때까지 해오던 아동 미술 레슨을 그만두고, 첫 공사를 함께 진행했던 친구와 본격적으로 인테리어의 길로 들어섰다.

집을 고치는 일은 제겐 새로운 인연을 만들어가는 일과 같아요

한동안 그녀에겐 사무실이 따로 없었다. 사무실을 내기도 전에 계속해서 꼬리를 무는 의뢰로 인해 별다른 필요성을 느끼지 못했던 것이다. 인터넷에 올린 사진을 보고 연락이 왔고, 공사를 마무리지은 집을 보고 연락이 왔다. "한 번은 공사 현장 옆에 살던 할머니께서 매일 같이 제 공사 현장을 들여다 보시는 거예요. 그러면서 이것저것 물으시더니, 1년 뒤에 외국에서 들어온 따님의 집을 의뢰하고 싶다고 연락을 하셨어요." 박미지이라는 이름보다 '겨미'라는 이름으로 더 알려진 그녀의 공사 의뢰는 늘 이런 식이다. 언젠가 자기 집이 생긴다면 겨미 님께 맡기고 싶다던 블로그 이웃들이 정말 5~6년이 지난 후에도 반가운 목소리로 연락을 해 온다. 생애 첫 집을 마련하게 되었는데 그 공사를 겨미 님이 해주었으면 한다고….

고객의 취향을 100% 맞추면서도
그녀의 스타일 뚜렷한 집이 완성되다

인테리어를 하다가 보면 아무리 좋은 인연으로 시작했던 일도 실제 공사 진행을 하면서 고객과 부딪히는 경우가 많다. 실제 건물에서 작업할 수 없는 디자인을 고수한다든지, 무리한 디자인을 짧은 시간에 끝내길 원한다든지, 고객의 취향과 인테리어 디자이너의 취향이 맞지 않아 서로가 고집을 꺾지 않는 경우도 있다. 물론 실제 작업을 진행하는 현장 기술자들과의 충돌도 상당히 많다. 하지만 불가능한 것 외에는 대부분의 경우 그녀는 100% 고객의 입장을 맞춘다. "저야 늘 하는 공사지만, 고객의 입장에서는 생애 첫 집을 마련하고 꾸미는 경우가 대부분인데 얼마나 해보고 싶은 게 많겠어요. 그때 제가 제 눈에 예쁘자고 고집을 피울 필요는 없죠." 그녀는 인테리어 공사를 진행하면서 현장에서 서로 원수가 되어 일을 그르치는 경우도 많이 보아왔다. 하지만 처음 자신을 믿고 의뢰해준 고객과의 다툼은 일을 어렵게 할 뿐이라고 귀띔한다. "고객의 입장에 맞춰주면 결국은 고객도 제 의견을 받아주시더라구요. 100% 수용하는 입장에서 의견을 조율해나가다 보면 결국 전문가의 의견이 틀리지 않다는 걸 알게 되시는 거죠." 인테리어를 완성하고 나면 예쁘게 꾸며진 집만이 아니라 집보다 더 예쁜 사람들과의 인연이 만들어진 이유가 다른 데 있는 게 아니었다.

공사현장이 나의 진정한 작업실

그녀는 일과 중 반나절 이상을 현장에서 보낸다. 고객과의 처음 만남도 대부분 현장 실측에서 시작되고, 두 군데 이상 진행되는 공사로 인해 부천과 안양, 분당의 현장으로 뛰어다녀야 하고, 고객과 함께 구체적인 자재를 구입하기 위해 을지로로 이태원으로 하루 종일 동분서주한다. 그 덕에 사무실에서는 그녀의 얼굴을 보기가 힘들다. 실제 그녀의 모든 업무는 현장에서 이루어지는 것이다. 뜯고, 붙이고, 자르고, 박고, 하루 종일 쿵쾅쿵쾅. 먼지 가득 정신 없는 전쟁터 같은 공사현장에서 돌아와 사무실에 머무르는 시간은 오히려 하루의 업무를 마감하는 시간이다. "제 작업의 실질적인 대부분은 현장에서 이루어지죠. 사무실에서는 밀린 견적에 답해드리고, 그날의 업무를 정리하며 차 한잔 마시는 여유만 가지는 것 같아요."

스크랩우드 벽장식, 스테인드 글라스 조명, 원목선반과 의자, 테이블까지 심플한 듯 보여도 곳곳에서 그녀만의 감각을 엿볼 수 있다.

1-2 파스텔 톤의 노란색이 거실에 따사로운 기운을, 지중해 빛 블루 컬러가 거실에 시원하고 세련된 기운을 준다. 이런 목문 디자인은 공간을 변화시키는 가장 큰 요소를 차지하는 그녀의 프렌치 인테리어 스타일을 대표한다.

3-4 주방의 낡은 싱크대를 화이트 컬러로 교체해 좁은 주방의 공간을 넓어 보이게 하는 효과를 낸다.

5-7 고급스러운 분위기 물씬 나는 모던 앤틱 스타일, 가구와 소품 하나까지 그녀의 스타일링을 거쳐 인테리어가 완성된다.

8-10 때론 내추럴, 컨추리 스타일이 잘 어울리는 집이 있다. 내추럴 스타일에선 가급적 원목 컬러 사용을 통일해 전체적인 분위기를 이끌어낸다.

남자 셋! 엄마인 저의 부재로 인해 늘 힘들지만 각자의 자리에서 잘해나가고 있어요.
저희 집은 남자만 셋이에요. 큰아들 승표, 작은아들 승겸, 그리고 남편…. 일의 특성상 늘 늦은 시간까지 다니다 보니 아내가, 엄마가 없는 자리는 참 크죠. 남자 셋이서 짜장면으로 밥을 대신할 때도 많구요. 아이들이 어느 정도 자라고부터는 엄마를 대신해 설거지도 하고, 청소도 하고, 공부도 스스로 챙기고는 있는데 항상 열심히 사는 엄마를 보며 자신들도 좀 더 열심히 살아야겠다고 말하는 아이들을 보면 가슴이 뭉클해진답니다.

인테리어는 예쁘면서도 실용적이어야 해요.
집을 전체 예쁘게만 꾸밀 수는 없어요. 예쁘게만 꾸민 집은 불편이 따를 수밖에 없거든요. 매일매일 먹고 자고 생활해야 하는 공간인데 예뻐서 불편하기만 하다면 그건 잘된 인테리어가 아니겠죠. 저 역시 친환경 인테리어를 하지만 그렇다고 모든 자재를 원목을 쓰거나 하진 않는답니다. 뒤틀림을 방지해야 하는 곳이나, 구조를 받쳐줘야 하는 곳엔 적당한 자재로 대처를 하고 대신 가능한 친환경으로 미감히죠. 그러면 실용적이면서도 안전한 인테리어가 완성된답니다.

내 스타일만 고집하지 마라!
요즘은 인터넷 매체가 워낙 발달되어 자신의 집을 예쁘게 꾸미고 그로 인해 인테리어의 길로 뛰어드는 사람들이 많아요. (저도 그 비슷한 경우죠.) 그때는 보통 자신의 집을 보고 의뢰했다는 생각에 자신의 스타일을 고집하면서 자신의 입장에서 고객을 끌어가는데요. 이런 경우 공사가 끝난 후 불만이 제기되는 경우가 많아요. 처음엔 참아주었던 고객이 늦게 클레임을 걸어와 일이 커지는 거죠. 인테리어는 나만의 스타일을 지켜가는 것도 중요하지만 기본은 고객이 원하는 취향에 맞춰주는 것이에요. 고객의 입장에서 충분히 의견을 조율한 후 작업에 들어가는 것이 무엇보다 중요하답니다.

나만의 작업실 인테리어 팁 & 수납 노하우
tip + know-how

그녀의 TIP

사무실은 가능한 제가 좋아하는 스타일로 꾸몄어요. 여러 샘플들을 갖춰두기보다는 고객이 찾아오셨을 때 내 집처럼 편안하게 느낄 수 있길 바랐답니다. 인테리어에서 최고의 샘플은 잠시 보여주고 마는 사무실이 아니라 내가 맡아 시공한 집들이고, 일을 책임감 있게 마무리 하며 쌓이는 신뢰에 있다고 믿기 때문입니다.

1 인테리어 사무실에서 쉽게 볼 수 있는 각종 샘플 북과 타일, 자재 등은 붙박이 수납장에 깔끔히 정리하고 보이는 공간은 최대한 심플하게, 자재들도 하나의 장식이 되도록 꾸며주었다.

2 벽은 깔끔한 화이트로 하고, 바닥은 진한 색감의 타일을 깔아 공간에 무게감 있는 분위기를 냈다.

3 요즘은 화이트 싱크대가 대세! 작업실 한 켠에 싱크대를 설치하고, 상부장 대신 긴 원목 선반을 달아 주부들이 가장 고민하는 부분을 직접 볼 수 있도록 유도

4 딱딱하고 분주한 분위기의 사무실이 아닌, 고객과 방문객들에게 편안한 분위기를 느끼게 해주고 싶어 카페 같은 코지 공간도 연출

5 그녀가 좋아하는 빈티지 스테인드 글라스, 실제 시공에서도 만족도가 아주 높은 아이템

박미진 | **겨미**(40세)

인테리어 디자이너
홈페이지 http://blog.naver.com/tmdvy21
이메일 tmdvy21@naver.com
사무실 위치 경기도 부천시 원미구 상동
오픈시간 오전 10시 ~ 오후 6시 (매주 일요일 휴무)

* 박미진님은 2012년 2월에 새로 작업실 확장 이전을 준비 중입니다.

작업실 꾸미기에 좋은 소품 및 가구 구입처

셀프 리모델링을 하시는 분들이 을지로나 논현동 자재상가를 직접 찾는 경우가 많은데요. 요즘은 그런 소비자분들이 워낙 많아 타일 같은 경우는 회배당으로 구매해야 하니 불필요한 구매가 될 수도 있어요.
그럴 땐 조명도, 타일도 부자재를 소량으로 구매할 수 있는 인터넷 쇼핑몰을 이용하는 것도 좋은 방법이에요.

- **한양상보타일** 을지로 3가 (T.02-2266-5481)
  수입 타일과 각종 국내 타일
  전시되어 있지 않은 타일도 넘버만 알아오면 다 구해주세요.

- **나무와사람들** http://www.jeswood.com
  던에드워드 페인트를 주로 본사에서 구매한답니다.
  본사를 방문하면 다양한 컬러 체험도 가능하고, 용량도 계산해 준답니다.

- **앤틱스토리** 이태원 앤틱상가 (T.02-792-6639)
  주방이나 현관에 주로 쓰는 포인트 수입 조명

- **아리플리마켓** http://www.arifleamarket.com
  스테인드 글라스와 빈티지 소품 구입

shop
+workroom / 03

STORY 17 언제까지나 나의 꿈!
일년 열두 달, 열두 가지 낭만!

와이어공예 작가, 프리랜서 디자이너 **임미영**

가까이 남산이 올려다보이는 용산 해방촌 좁은 골목길이 매일 여자들의 수다로 들썩들썩한다. 삼삼오오 짝을 이룬 여인들이 바구니 가득 뭔가를 들고 그곳으로 드나들고, 얼핏 보기에도 뭔가 늘 새로운 것이 걸리고 내려지고 한다. 어느 날엔 넓지도 않은 그곳 앞에 버젓이 전을 펴고 플리마켓이 벌어지기도 한다. 바로 와이어공예 작가이자 디자이너인 임미영의 작업실 열두 가지 카페다.

그녀의 작업실에선 매달 다른 주제의 작품 전시가 열리고, 바느질과 핸드메이드를 좋아하는 사람들의 소모임이 열린다. 모임의 주최자는 주부들이다. 카페 손님의 2/3가 주부라고 할 수 있다. 그 때문에 이런 카페를 운영하는 주인장은 아마도 40대쯤 되는 여유가 좀 있는 여성이 아닐까 나름 생각을 했다. 하지만 이런 생각은 아담한 키에 장난기 가득한 서른둘의 그녀를 만나면서 깨지고 만다.

작업실을 알아보던 중 사진작가인 지인의 소개로 와보게 된 용산 해방촌 골목.
그때가 가을이었는데 남산이 올려다보이는 해방촌 좁은 골목길의 느낌과
이 자리의 어울림이 아늑하고 좋아서 그 자리에서 바로 결심해버렸다.

10년 전부터 카페를 꿈꾸다. 그리고 오랜 기간 준비를 하다

임미영은 22살 때부터 멋진 카페를 꿈꿔왔다. 시각디자인을 전공하고 광고회사에서 디자이너로 일했던 그녀는 디자인 외에도 평소 손재주가 많았다. 조그만 인형 만드는 것도 좋아하고, 휴대폰 고리나 액세서리, 우연히 빠지게 된 와이어 공예까지 손으로 만드는 것이라면 뭐든 좋아했다. 그렇게 만드는 것에 관심을 가지다 보니 그녀와 같이 핸드메이드에 숨은 실력을 가진 사람들이 많다는 걸 알게 되었고, 언젠가 오픈된 작업실을 만들어 그런 사람들과 소통하고 싶다는 생각을 하게 되었다.

그녀는 솜씨 좋은 핸드메이더들이 애써 만든 것들을 혼자만 간직하거나 지인에게 선물 주는 정도로 만족하고 있다는 것이 안타까웠다. 홍익대학교 주변에서 대학생이나 젊은 작가들의 프리마켓이 열리고는 있지만 작가 등록이 여의치 않은 일반인들이나 지방에 사는 사람들 같은 경우엔 상대적으로 기회가 없는 것이다. 그런 이유로 임미영은 그런 사람들과 공유할 수 있는 오픈 작업실에 대해 계속해서 고민을 했다. 다양한 핸드메이더들의 작품을 판매도 하고, 전시도 할 수 있는 공간이 있으면 어떨까 하는 오픈 작업실에 대한 그녀의 고민이 오래 전부터 꿈꿔오던 카페라는 공간과 매치가 되었던 것이다.

1 외관의 초록색과 대비되는 주방 쪽의 다홍빛 벽면은 블랙의 칠판 메뉴와 어울려 카페 내 컬러 포인트가 된다.
2 카페 안에 따로 마련된 그녀만의 공간. 그녀의 작업실 책상
3 뭔가 복잡해 보이면서도 그것들이 친근하게만 느껴지는 건 실제 사용하던 물건들에서 오는 리얼 빈티지의 편안함 때문.

4 그녀의 작업실엔 오래된 가구와 소품들이 가득하다. 외국에서 들어온 오래된 빈티지도 있지만 대부분 주변에 있는 물건들을 하나씩 수집해둔 것이다.
5 친구 어머님이 쓰시던 재봉틀, 엄마가 쓰시던 찬장. 버려진 책상을 리폼
6 낡은 양철 저울도 이곳에선 멋진 소품이 된다.

"다양한 핸드메이더들의 작품을 전시해 알리기도 하고 소량이라도 작품을 판매하면 다음 작품 재료들을 구입할 재료비라도 만들 수 있잖아요. 누구든 전시를 통해 작가가 될 수 있는 기쁨도 주고 싶었구요."

꿈이 있어 작업실이 있고, 작업실이 있어 꿈이 있다

전시 & 작업실 카페, 그녀의 계획은 완벽하게 세워졌지만 막상 현실은 여의치가 않았다. 그렇게 머릿속에서만 계획이 세워졌을 뿐 경제적인 부분이 뒷받침되지 않았던 현실에선 당장 실현할 수가 없었다. 그렇게 카페에 대한 꿈을 또 한 번 미룬 채 그녀는 결혼을 했다. 하지만 원룸형 오피스텔에서 신혼살림을 시작한 그녀는 자신만의 공간이 필요했고, 작업실 카페에 대한 생각이 더욱 간절해졌다. 그런데 뜻이 있으면 길이 열린다고 했던가? 오래 전부터 그녀의 취지를 충분히 알고 있던 친구가 지원군으로 나선 것이다. 그녀의 꿈에 친구는 동업 형태로 투자를 했고 그로 인해 오랜 꿈인 카페를 오픈할 수 있게 된 것이다. 남편도 가족들도 이제 막 결혼한 그녀가 이렇게 큰 일을 내리라곤 아무도 생각하지 못했던 일이다.

'일 년 열두 달 매달 다른 전시를 하는 카페를 하겠다.' 자신의 컨셉에 맞는 카페 이름을 주변 지인들이 총 동원되어 찾다가 카페 오픈 직전에 '열두가지(12ea)'가 되었어요.

카페 '열두가지(12ea)'가 오픈한 지 1년이 좀 지났다. 그동안 이름 그대로 열두 번의 전시가 있었다. 우선은 지인 작가들의 전시를 열면서 다양한 시도와 노력을 해보는데 첫 열두 달을 보냈다. 생각과 현실 사이에서 그녀는 많은 시행착오를 겪었다. 그러나 그녀는 서두르지 않고, 조급해 하지 않고 그동안의 시행착오를 바탕으로 새로운 열두 달을 계획하고 있다. 그중 하나가 지난해 지인들의 모임으로 조금씩 시작했던 소모임+카페 작업실인데 전시와 판매만 하는 것이 아니라, 뜻 맞는 이들이 모여 작업도 같이하고, 정보도 나누면서 카페가 다른 그녀들의 1일 작업실이 되는 것이다. 카페의 주인이기도 하면서 핸드메이드를 좋아하는 공예 작가이기도 한 그녀 역시 누구보다 자신만의 작업실을 꿈꿔왔고, 카페에 대한 로망이 있었기에 그녀와 같은 공간을 필요로 하는 다른 사람들에게도 언제든 이용할 수 있는 마음 편한 카페 작업실을 내주고 싶은 것이다.

1 카페를 준비하면서 만들어 진열했던 진달래꽃 와이어 나무
2 열두가지에 진열된 임미영의 와이어 공예 '나무 숲'
3 '생선가게, 모녀' 엄마와 따님이 같이 진행하신 핸드메이드. 3월 전시
4 '색깔 이야기' 분홍지미님의 천연 염색 제품 및 소품. 11월 전시
5 '다시, 그리고 또' Kstyling의 인테리어 자재 및 소품. 7월 전시
6 친구분 셋이 함께한 '코바늘뜨기 & 퀼트'. 8월 전시
7 '빈티지 & 뜨개 소품 전시회' 바늘마님의 6월 전시

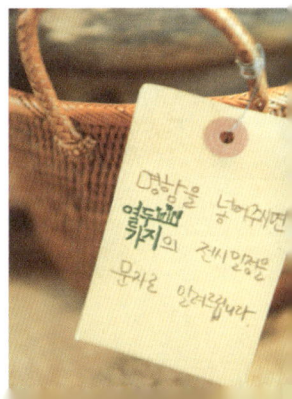

다양한 핸드메이더들의 세상 연결고리가 되고 싶어요.
지금 '열두가지'에서 다양하게 시도하는 핸드메이더들과의 소통을 좀 더 전문적으로 진행하는 일을 하고 싶어요. 핸드메이더들의 성향과 작품에 맞는 다양한 장소에서 다양한 전시를 기획하고, 쇼를 마련해주는 핸드메이더 디렉터 같은 사람이요.

이국적인 컬러의 아티스트 스튜디오 느낌의 작업실을 갖고 싶어요.
바닥부터 높은 천장까지 커다란 실타래들이 쌓여 있고, 빈티지한 미싱과 가구, 제 작품들이 전시되어 있는 어느 유명 아티스트의 스튜디오 같은, 그냥 딱 봐도 멋있는 작업실을 갖고 싶어요. 작업실이 멋지면 제 꿈도 더 근사하게 이룰 수 있거든요. 제 꿈은 언제나 이런 작업실의 로망과 함께하죠.

많은 사람들의 로망 작업실 카페…경제적 부담감을 버려야 해요.
작업실 겸용 카페는 여자들뿐 아니라 많은 사람들의 로망이죠. 하지만 그 둘을 같이 진행하려면 어쩔 수 없이 금전적인 제약에서 벗어나야 할 것 같아요. 카페의 수입이 전체 생활비가 되어야 하는 경제적 부담이 있다면 아무래도 카페 안에 작업실을 만드는 건 맞지 않겠죠. 말 그대로 작업을 통해 수입도 얻고, 카페의 수입도 올리는 투잡 개념의 공간이 되어야 처음 취지대로 유지할 수 있지 않을까 싶어요. 그런 의미에서 저처럼 뜻 맞는 사람과 공동 작업실을 운영해서 월세 부담을 줄이는 것도 좋은 방법이겠죠.

작업실 겸 카페, 열두가지 카페의 인테리어 팁 & 노하우
열두가지 카페가 빈티지 컨셉인데요. 사실 빈티지가 요즘은 더 비싸기도 하죠. 하지만 저는 처음 카페를 하고 싶다고 생각했던 10년 전부터 준비를 했어요. 언젠간 내 카페를 하겠다는 생각으로 평소 좋아하는 이미지를 스크랩하고 카페 장식에 좋을 소품들도 하나씩 모아두었죠. 실타래가 저렇게 많은 이유도 그동안 용돈 생길 때마다 사 모아서 그런 거예요. 카페에 있는 오래된 미싱도 친구 어머님이 쓰시던 건데 이미 7년 전에 제가 받아서 보관하던 것이고, 카페 곳곳 저희 엄마가 쓰시던 물건들도 많지요. 그렇게 준비하다 보니 자연스레 빈티지가 된 것도 있어요.

나만의 작업실 인테리어 팁 & 수납 노하우
tip + know-how

1 카페 안쪽 한 켠에 마련된 그녀만의 작업실. 책상 아래 최대한 서랍을 많이 만들어 수납이 용이하도록 했다.

3 7년 전에 친구 어머님이 쓰시던 재봉틀을 얻어서 보관하고 있었던 것. 지금도 사용이 가능하다.

4 옛날 책상 상판에 요즘 나오는 DIY 가구 다리를 붙여 프로방스 스타일로 리폼해서 만들었다.

5 실을 워낙 좋아해서 하나씩 모아둔 것이 작업실 여기저기에 좋은 장식 효과를 내고 있다.

6 다양한 음료 병과 잼 병을 버리지 않고 활용해 잔잔한 부자재들을 넣어 두었다. 특이한 건 끈을 연결해 나무 패널에 쪼로록 걸어 장식효과까지 준 것

그녀의 TIP

언젠간 카페를 하겠다는 생각을 하며 평소 좋아하는 물건들을 조금씩 수집해왔는데, 그런 소품들이 카페 컨셉을 잡는 것과 장식에 많은 도움이 되었어요. 그리고 평소 친하게 지내는 인테리어 실장님께 제가 좋아하는 것들을 보여주며 인테리어 의뢰를 했죠. 제가 원하는 스타일을 파악하는데도, 진행하는데도 여러 모로 수월하더라구요. 그리고 부족한 부분은 제 생각을 고집하기보다는 전문가인 그분들의 의견을 수렴하는 것도 중요한 것 같아요.

임미영 | 댕이(32세)

와이어공예 작가
BI,CI 디자이너, 편집 디자이너
2011년 'Handmade in Life' 16人 작가전 참여 전시
홈페이지 http://serarn.blog.me
열두가지(12EA) 서울시 용산구 용산동2가 45-5 T.02-3785-0120
오픈시간 오전 11시 ~ 오후 11시 (매주 월요일 휴무)

'열두가지'에서는 매월 다양한 전시를 할 수 있는 작가를 기다리고 있어요.
핸드메이드 외에도 사진과 예술 등 전시 가능한 주제가 있다면
어느 분야든 가능합니다.
카페에서의 소모임(6~8명)을 갖고자 하실 땐 미리 예약 전화를 주세요.

작업실 꾸미기에 좋은 소품 및 가구 구입처

- **굿데이** 동대문 종합상가 5층 B동
  다양한 컬러와 굵기의 와이어공예에 대한 모든 재료 판매
  재료 구매시 즉석 수강도 가능

- **K스타일링** kstyling.net
  빈티지 가구 및 인테리어 소품 주문 제작
  빈티지 컨셉 홈&숍 인테리어 업체